Geschichte der Azteken

Ein fesselnder Führer zum Reich, der Mythologie und der Zivilisation der Azteken

© Copyright 2020

Alle Rechte vorbehalten. Kein Teil dieses Buches darf in irgendeiner Form ohne schriftliche Genehmigung des Autors reproduziert werden. Rezensenten dürfen in Besprechungen kurze Textpassagen zitieren.

Haftungsausschluss: Kein Teil dieser Publikation darf ohne die schriftliche Erlaubnis des Verlags reproduziert oder in irgendeiner Form übertragen werden, sei es auf mechanischem oder elektronischem Wege, einschließlich Fotokopie oder Tonaufnahme oder in einem Informationsspeicher oder Datenspeicher oder durch E-Mail.

Obwohl alle Anstrengungen unternommen wurden, die in diesem Werk enthaltenen Informationen zu verifizieren, übernehmen weder der Autor noch der Verlag Verantwortung für etwaige Fehler, Auslassungen oder gegenteilige Auslegungen des Themas.

Dieses Buch dient der Unterhaltung. Die geäußerte Meinung ist ausschließlich die des Autors und sollte nicht als Ausdruck von fachlicher Anweisung oder Anordnung verstanden werden. Der Leser / die Leserin ist selbst für seine / ihre Handlungen verantwortlich.

Die Einhaltung aller anwendbaren Gesetze und Regelungen, einschließlich internationaler, Bundes-, Staats- und lokaler Rechtsprechung, die Geschäftspraktiken, Werbung und alle übrigen Aspekte des Geschäftsbetriebs in den USA, Kanada, dem Vereinigten Königreich regeln oder jeglicher anderer Jurisdiktion obliegt ausschließlich dem Käufer oder Leser.

Weder der Autor noch der Verlag übernimmt Verantwortung oder Haftung oder sonst etwas im Namen des Käufers oder Lesers dieser Materialien. Jegliche Kränkung einer Einzelperson oder Organisation ist unbeabsichtigt.

Inhaltsverzeichnis

EINFÜHRUNG 1
KAPITEL 1 - WO LEBTEN DIE AZTEKEN? 4
KAPITEL 2 - WER WAREN DIE AZTEKEN? 7
KAPITEL 3 - REGIERUNG, STADTSTAATEN UND EXPANSION 12
KAPITEL 4 - DIE ANKUNFT DER SPANIER UND DER NIEDERGANG DES REICHS 20
KAPITEL 5 - EIN TAG IM LEBEN EINES AZTEKEN 24
    DER SOUVERÄN, DIE WÜRDENTRÄGER UND DIE ADLIGEN 25
    DER SOUVERÄN 25
    DIE WÜRDENTRÄGER 29
    ADLIGE 30
    EINFACHE BÜRGER 33
    LANDLOSE BAUERN 38
    SKLAVEN 39
KAPITEL 6 - LANDWIRTSCHAFT UND ERNÄHRUNG 44
KAPITEL 7 - RELIGION 49
    SCHÖPFUNG, LEBEN, TOD UND DIE VIER SONNEN 49
    MENSCHENOPFER 52
    DIE GÖTTER 55
    QUETZALCÓATL 56
    HUITZILOPOCHTLI 58
    TLALOC 59

CHALCHIUHTLICUE	61
COATLICUE	61
DER KALENDER	62
KAPITEL 8 - SPORT	**66**
SCHLUSSBEMERKUNG	**68**
BIBLIOGRAPHIE	**71**

Einführung

Seit vielen Jahren regen die Azteken unsere Vorstellungskraft an. Geschichten der ersten europäischen Eroberer über einzigartige, Ehrfurcht gebietende Ruinen und Legenden von Palästen aus Gold erschaffen ein Bild der aztekischen Gesellschaft, das aus Erhabenheit, Reichtum und Pracht besteht.

Aber wer genau waren die Azteken? Wo kamen sie her? Wie gelang es ihnen, ein Gebiet von solchen Ausmaßen zu beherrschen? Und wenn sie so mächtig waren: Wie war es möglich, dass sie ihre vorherrschende Stellung und Macht nur drei Jahre, nachdem sie mit den Spaniern in Kontakt gekommen waren, verloren?

Glücklicherweise können wir die meisten dieser Fragen beantworten. Detaillierte Berichte der spanischen Konquistadoren, aztekische Dokumente wie der Codex Mendoza (ein detailreicher Bericht über die aztekischen Herrscher, das Tributsystem und das tägliche Leben im Reich aus der Mitte des 16. Jahrhunderts nach der spanischen Eroberung) und eine Vielzahl archäologischer Grabungsstätten ermöglichen es uns, einige der Geheimnisse dieser alten Zivilisation zu lüften.

Tatsächlich unterschied sich das tägliche Leben eines einfachen aztekischen Einwohners nicht so wesentlich von dem der einfachen

Leute heute. Sicherlich war die Technologie weitaus primitiver und es herrschte die permanente Furcht vor einer vollständigen Zerstörung durch die Hände einer der zahlreichen aztekischen Götter. Aber davon abgesehen war der aztekische Bürger damit beschäftigt, sein Land zu bestellen, Steuern zu zahlen und für die Familie zu sorgen. Wenn er das nicht tat, war er wahrscheinlich gerade dabei, seinen verpflichtenden Wehrdienst zu leisten oder mit seinen Freunden zur Entspannung eine Partie *Patolli* zu spielen.

Auch wenn das Leben eines einfachen Menschen im aztekischen Reich in Ordnung zu sein scheint, bestand es aus harter Arbeit und Ungewissheit über die Zukunft. Nur wenige Azteken verfügten über Waren und Dienstleistungen, die über den notwendigen Bedarf zum Leben und den Gottesdienst hinausgingen. Die aztekischen Herrscher andererseits lebten im Luxus. Diener, Konkubinen und Arbeiter waren an den Adel gebunden und das Luxusleben trug dazu bei, die stetig wachsende Bevölkerung in Lohn und Brot zu halten.

Im Ganzen wuchs das Aztekenreich oder der Aztekische Dreibund sowohl in seiner Ausdehnung als auch in seiner Bevölkerungszahl zu einem der größten Reiche der Alten Welt. Im 16. Jahrhundert war es das zweitgrößte Reich in ganz Amerika, nur die Inkas bewohnten ein noch größeres Territorium. Auf seinem Höhepunkt umfasste das Aztekenreich mehr als fünfzig Stadtstaaten und mehr als drei Millionen Menschen. Aber all das sollte mit der Ankunft der Spanier fast gänzlich verschwinden. Überlegene Waffen und vernichtende Krankheiten legten vieles von dem, was die Azteken über Jahrhunderte aufgebaut hatten, in Schutt und Asche.

Viele Geheimnisse des Aztekenreichs sind enthüllt worden. Aber viele weitere bleiben bestehen. Historiker und Archäologen lernen ständig mehr über die Art und Weise, wie die Azteken lebten, wie sie sich politisch organisierten und wie sie ihre Position in der Welt und im Kosmos sahen.

Dieser Führer zeichnet die wichtigsten Teile der Geschichte der Azteken nach: Wer die Azteken waren, wie sie ihr Reich erweiterten, wie sie lebten, wie sie ihre Götter anbeteten, wie sie spielten und schließlich, wie sie starben. Indem wir uns die Zeit nehmen und uns an die Azteken und ihre Errungenschaften erinnern, tragen wir alle dazu bei, dass eine der größten Zivilisationen der Welt für immer fortlebt.

Kapitel 1 – Wo lebten die Azteken?

Um die aztekische Zivilisation zu verstehen, sollte man sich die verschiedenartige geographische Landschaft vergegenwärtigen, in der ihr Reich gedieh. Die Azteken werden zu den mesoamerikanischen Kulturen gezählt, wobei der Begriff Mesoamerika das Gebiet beschreibt, das sich vom nördlichen Zentralmexiko bis zur Pazifikküste Costa Ricas erstreckt.

Wie man von einem so großen Gebiet erwarten darf, ist das bestimmende Charakteristikum der mesoamerikanischen Geographie die Vielfalt. Das küstennahe Tiefland unterscheidet sich in allen Aspekten deutlich vom zentralen Hochland, sei es in Bezug auf das Klima, die Bodenverhältnisse oder die Verfügbarkeit von Getreidesorten. Es ist wichtig festzuhalten, dass das, was man traditionell als Aztekenreich bezeichnet, nämlich das Gebiet um Tenochtitlán (heute Mexiko-Stadt) im Becken von Mexiko, sich erheblich von den umgebenden Territorien unterschied und auf diese für verschiedene lebenswichtige Waren und auch für Luxusgüter angewiesen war.

Im Allgemeinen lässt sich Mesoamerika in drei große Klimazonen einteilen. Das tropische Tiefland umfasst die Gebiete, die unter 1.000

Metern Höhe liegen. Diese Teile werden als *Tierra Caliente* (heißes Land) bezeichnet. Das ganze Mesoamerika liegt in tropischem Klima, aber in größeren Höhen sind die Temperaturen niedriger. Nahe den Küsten sind die Temperaturen jedoch heiß, die Luft ist feucht und es herrscht starker Regenfall. Die Hauptlandschaften dieser Zone bestehen aus Wäldern mit starker Vegetation oder Graslandsavannen. Die Azteken nutzten diese Landschaften für den Gewinn von Gütern wie bunten Federn von Papageien und Quetzals (für Kunst und Rituale), Jaguarfelle, Tabak und Jade.

Wenn man sich weiter ins Inland wendet, betritt man das mesoamerikanische Hochland. Das Hochland besteht aus Gebieten, die zwischen 1.000 und 2.000 Metern hoch liegen und *Tierra Templada* (gemäßigtes Land) genannt werden. Die Temperaturen liegen um die 21 Grad Celsius und mit deutlich unterschiedlich trockenen Monaten (Januar bis Mai) und regnerischen Monaten (Juni bis Oktober) reicht die Regenmenge in den meisten Teilen des mesoamerikanischen Hochlands aus, dass die Menschen dort das ganze Jahr über erfolgreich Getreide anbauen können.

Das Gebiet ist bergig und die menschliche Zivilisation hat sich in den Flusstälern und in Gegenden mit relativ flachem Land angesiedelt. Viele andere mesoamerikanische Zivilisationen haben hier ihre Heimat gefunden, einschließlich der Mixteken (oder Mixteca), Zapoteken (Zapoteca), Taraskaner und Hochland-Maya. Das südliche Kernland des Aztekenreichs fällt in dieses Gebiet.

Wenn man die Berge weiter in Richtung des Zentrums des heutigen Mexikos hinaufklettert, erreicht man das Zentrale Mexikanische Plateau. Hier ist alles mindestens 2.000 Meter hoch, was die tropischen Temperaturen sinken lässt und dem Plateau den Namen *Tierra Fria* (kaltes Land) verleiht. Das Kernland der aztekischen Zivilisation befand sich im Zentrum dieses Plateaus, dem Becken von Mexiko. Weitere große Täler liegen im Norden, Westen und Osten. Die Regenmenge ist in diesem Teil Mesoamerikas sehr unterschiedlich und kühlere Temperaturen machen Frost zu einer

Herausforderung für Bauern, da sie die Wachstumsperiode verkürzen und die Verfügbarkeit von Getreide verringern.

Im Herzen des Beckens von Mexiko befindet sich Tenochtitlán, die aztekische Hauptstadt. Tenochtitlán wurde 1325 gegründet und liegt im Wesentlichen am Texcoco-See. Sie wuchs zu einer mächtigen Stadt heran, der größten Mesoamerikas. Vereinbarungen mit nahegelegenen Stadtstaaten halfen ihr zu expandieren und sowohl in territorialer Hinsicht als auch hinsichtlich ihres kulturellen Einflusses zu wachsen.

In der Umgebung des Beckens von Mexiko nimmt die Höhe schnell ab und die kulturelle Vielfalt wird größer. Im Norden herrschten die Otomi-sprechenden Siedler vor, die weitgehend außerhalb des aztekischen Einflusses blieben. Im Westen befindet sich das Toluca-Tal, wo die Aztekisch-Nahuatl-sprechende Bevölkerung ihr Territorium mit vielen verschiedenen Sprachgruppen teilte. Im Osten liegt das Puebla-Tal, in dessen Norden sich mehrere Städte gegen die aztekische Eroberung wehrten und bis zur Ankunft der Spanier 1519 unabhängig blieben.

Man muss die Umgebung, in der sich das Aztekenreich entwickelte, verstehen. Ein schwieriges Gelände und kulturelle Vielfalt verursachten einen Zustand ständigen Lavierens um Macht und Einfluss. Um eine Vorherrschaft in diesem Gebiet zu erringen, bedurfte es einer klugen und effizienten Nutzung von Ressourcen, zusammen mit einem guten Maß an Gewalt und List, was die Zahl der Feinde naturgemäß vergrößerte. Das führte schließlich zum Niedergang des Aztekenreichs, aber zunächst ermöglichte es eine Zivilisation, die für einen großen Teil der mesoamerikanischen Geschichte verantwortlich ist.

Kapitel 2 – Wer waren die Azteken?

Man muss sich zunächst vergegenwärtigen, dass die Azteken nur für uns die „Azteken" sind. Es ist der Name, mit dem Historiker das Reich beschreiben, das von den Nahuatl-sprechenden Völkern gebildet wurde, die sich selbst als „Mexica" bezeichneten. Der Name Azteken wurde von dem Wort Aztlán abgeleitet, einem Ort in Nord-Mexiko, aus dem die halbnomadischen Mexica stammen sollen. Die genaue Lage von Aztlán ist unbekannt, obwohl man sich einig ist, dass es wohl im Norden des heutigen Mexikos liegt. Viele Nahuatl-sprechenden Stämme beanspruchten Aztlán als ihren Ursprungsort, aber selbst die Azteken, die wir kennen, hatten keine klare Vorstellung davon, wo es lag. Moctezuma I. schickte eine Gruppe von Kriegern und Forschern aus, um es zu finden, aber sie waren erfolglos. Das Wort „Azteke" stammt von „aztekatl" ab, was so viel bedeutet wie „jemand, der aus Aztlán stammt". Allerdings wurde der Begriff nicht von den Azteken benutzt, um sich selbst zu bezeichnen. Er ist erst mit der Zeit zum anerkannten Begriff geworden. Es ist noch unklar, ob die Wanderung der Azteken ins Becken von Mexiko geplant war oder ob sie eher Teil einer größeren Wanderungsbewegung der Völker Nordmexikos nach Süden war.

Die Azteken waren wahrscheinlich in der einen oder anderen Weise mit den Tolteken verwandt, einer Zivilisation, die im 11. und 12. Jahrhundert im Norden Mexikos an Bedeutung gewann. Es war für die frühen aztekischen Herrscher äußerst wichtig, eine Abstammung von den Tolteken zu belegen, da sie glaubten, dies verleihe ihnen Legitimität. Zusätzlich übernahmen die Azteken viele religiöse und spirituelle Praktiken der Tolteken oder passten sie an. So war zum Beispiel der aztekische Gott Quetzalcóatl, einer der wichtigsten Götter der aztekischen Religion, der Priester-König von Tula, der toltekischen Hauptstadt.

Es ist jedoch trotz aller Bemühungen der aztekischen Herrscher, eine direkte Verbindung zu den Tolteken herzustellen, sehr viel wahrscheinlicher, dass die Menschen, die wir heute als Azteken bezeichnen, eine Mischung aus verschiedenen Jäger-und-Sammler-Stämmen waren. Es ist unklar, warum es frühe aztekische Herrscher als notwendig erachteten, ihre Herrschaft auf der Basis einer toltekischen Abstammung zu legitimieren. Als das Reich wuchs und sich festigte, wurde dies weniger wichtig. Dennoch lassen sich einige der kulturellen und religiösen Ähnlichkeiten nur schwer ignorieren. Am Ende war es jedoch die Nahuatl-Sprache, die verschiedene kulturelle Gruppen zusammenbrachte und zu der Gruppe formte, die wir heute als Azteken kennen.

Der Begriff „Aztekenreich" bezieht sich typischerweise auf das, was als „Aztekischer Dreibund" bekannt ist. Dabei handelte es sich um einen Bund dreier Städte im Becken von Mexiko, nämlich Tenochtitlán, Texcoco und Tlacopan. Als Hauptstadt wurde Tenochtitlán festgelegt und sie wuchs zum Zentrum des aztekischen Einflusses in der Region heran.

Die Geschichte oder besser Geschichten der Gründung Tenochtitláns werfen etwas Licht auf die aztekischen Werte und Weltanschauungen, die man durch die Geschichte des Reichs hindurch verfolgen kann. Die erste Geschichte handelt von der Macht der Religion und des Mythos. Nachdem der Gott Huitzilopochtli gezwungen worden war, sich woanders niederzulassen, kam er zum Priester Quauhcoatl und erzählte ihm, dass sie ihre Stadt an der Stelle bauen sollten, an der sie einen Tenochtli-Kaktus fänden, auf dessen Spitze ein Adler sitzt. Die Legende berichtet, dass die Männer, mit denen Quauhcoatl reiste, diesen Kaktus kurz danach fanden und sich entschieden, dort zu siedeln.

Eine andere Geschichte erklärt, warum die Mexica nach einem neuen Siedlungsplatz suchten. Sie waren Halbnomaden, was bedeutete, dass sie das Land je nach landwirtschaftlichen Erfordernissen oder den Bedürfnissen ihres Viehs wechselten. Als sie gezwungen waren, nach Süden zu ziehen, fanden sie den größten Teil des Beckens von Mexiko schon von anderen Stämmen und sprachlichen Gruppen besiedelt.

Die erste Mexica-Siedlung, Chapultepec, lag auf einem Hügel am Westufer des Texcoco-Sees. Chapultepec, das um 1250 gegründet worden war, überdauerte jedoch nicht lange. Gegen Ende des 13. Jahrhunderts hatten die Tepaneken von Azcapotzalco, der Stamm, der die Gegend um Chapultepec beherrschte, die Mexica aus Chapultepec vertrieben und ihnen erlaubt, im unfruchtbaren Gebiet um den Stadtstaat Tizapan herum zu siedeln, der ebenfalls am Texcoco-See lag.

Aber im Jahr 1323 spielten die Mexica ihrem neuen Herrscher einen grausamen Streich. Nachdem sie die Hand seiner Tochter für eine Heirat erbeten hatten, opferten sie sie und zogen ihr die Haut ab. Ein Priester trat dann vor den König und trug die Haut seiner Tochter. Voller Entsetzen vertrieb der König sie aus Tizapan. Wieder einmal mussten sie einen neuen Ort zum Leben finden.

Es ist unmöglich zu entscheiden, ob die Azteken Tenochtitlán auf ein göttliches Zeichen hin oder aus reiner Notwendigkeit wählten. Nachdem sie bereits zweimal ihre Siedlungen verlassen mussten, konnten die Mexica nicht allzu wählerisch sein. Tenochtitlán bestand im Wesentlichen aus Sumpfgebiet und ein Wachstum war nur möglich, indem sie unter immenser Kraftanstrengung Dreck und

Schlamm anhäuften, um eine solide Grundlage für eine Stadt zu errichten.

Was auch immer der Grund war, Tenochtitlán wurde das Zentrum dessen, was wir heute als Aztekenreich bezeichnen. Sein Symbol ist passenderweise ein Adler, der auf einem Kaktus sitzt. Dieses Bild ist auch im Zentrum der Flagge des heutigen Mexikos enthalten, wodurch die Rolle, die diese alte Zivilisation in der kollektiven Psyche einer der größten modernen Nationen spielt, unterstrichen wird.

Es wird immer üblicher, Tenochtitlán mit seinem vollen Namen zu bezeichnen: Mexico-Tenochtitlán. Die genaue Bedeutung des Namens ist nicht genau bekannt. Tenochtitlán geht eindeutig auf das Nahuatl-Wort für eine Opuntie (Kaktusfeige), *Tenochtli*, zurück, aber der Ursprung des Wortes *Mexico* ist schwieriger nachzuvollziehen. Die meisten Wissenschaftler stimmen überein, dass es „im Zentrum des Mondes" bedeutet, wobei sich der Mond in diesem Zusammenhang auf den See Texcoco bezieht. Diese Schlussfolgerung wird bestätigt, wenn man sich ansieht, wie der Name Mexico-Tenochtitlán in die verwandte Otomi-Sprache übersetzt wird, in der die mexikanische Hauptstadt als „anbondo amedetzana" bezeichnet wird. „Bondo" bedeutet Opuntie (Kaktusfeige) und „amedetzana" bedeutet „in der Mitte des Mondes". Viele Quellen und historische Dokumente bezeichnen die Stadt einfach als Tenochtitlán, aber die Zeitgenossen im Aztekenreich haben den vollen Namen benutzt.

Die Ursprungsgeschichten von Mexico-Tenochtitlán spiegeln wider, wie wir schließlich diese alte Zivilisation und Kultur wahrgenommen haben. Die aztekische Mythologie und Religion sind sehr gut erforscht worden und die meisten modernen Beschreibungen des aztekischen Lebens beinhalten zumindest einige Hinweise auf die Brutalität der Menschenopfer. Bilder von Priestern, die die pochenden Herzen von Menschen herausreißen, gibt es viele. Und wenn dies auch ein Teil der aztekischen Kultur war, war sie im Ganzen, wie Sie sicher erwartet haben, äußerst vielfältig und dynamisch, insbesondere für eine Zivilisation dieser Größe.

Schätzungen gehen davon aus, dass mehr als eine Million Menschen im Becken von Mexiko lebten, als Cortés 1519 auf den Plan trat. Und es gab sicherlich noch weitere zwei oder drei Millionen im Hochland, das das Tal umgab. Diese Zahlen machen die aztekische Zivilisation zur Zeit der Ankunft der Europäer zur größten in ganz Amerika.

Man muss ebenfalls daran denken, dass wir, wenn wir über das Aztekenreich sprechen, zum größten Teil über die Zeit nach der Formierung des Dreibunds sprechen. Dabei handelte es sich um eine Vereinbarung, die drei wichtigsten Stadtstaaten am Texcoco-See zu vereinen, nämlich Mexico-Tenochtitlán, Texcoco und Tlacopan, und Mexico-Tenochtitlán als Hauptstadt ins Zentrum zu stellen. Die drei Städte teilten Einkünfte aus Handel und Abgaben, was es ihnen ermöglichte, weiter ins Tal hinein zu expandieren.

Kapitel 3 – Regierung, Stadtstaaten und Expansion

Die aztekische Zivilisation kann in zwei Hauptphasen unterteilt werden: die frühaztekische Periode und die spätaztekische Periode. Viele Stadtstaaten, die Teil des Aztekenreichs wurden, wurden zu Beginn des 12. Jahrhunderts gegründet. Die meisten überdauerten und wuchsen in den kommenden Jahrhunderten, viele entwickelten sich zu wichtigen Stadtstaaten im Reich. Als sich diese Orte jedoch zu Städten und dann zu Stadtstaaten weiterentwickelten, wurde vieles von dem, was in der frühaztekischen Periode erbaut wurde, zerstört und so finden wir nur wenige archäologische Überreste dieser Siedlungen.

Der Beginn der spätaztekischen Periode wird üblicherweise mit der Gründung von Mexico-Tenochtitlán 1325 angesetzt. Als die Mexica ankamen, gab es nur wenig Land, das noch nicht besiedelt war. Verschiedene Stämme und ethnische Gruppen lebten auf dem Territorium, aber mit der Zeit fügten sie sich in die aztekische Kultur ein. Die einzige ethnische Gruppierung, der es gelang, ihre eigene, unabhängige Identität zu bewahren, waren die Otomi, die ihre sprachlichen und kulturellen Traditionen trotz fortwährenden Drucks ihrer Nahuatl-sprechenden Nachbarn aufrechterhielten.

Das politische System der Azteken war der Despotismus. Könige und Beinahe-Könige herrschten über Stadtstaaten und agierten auf verschiedene Weise mit anderen Stadtstaaten. Manchmal kooperierten sie miteinander, typischerweise durch Handel oder Militärbündnisse, aber sie bekämpften sich auch ständig. Die Beziehungen zwischen den Stadtstaaten waren immer wechselhaft und unvorhersehbar.

Dennoch lässt sich das Aztekenreich am besten als ein politisches Bündnis zwischen etwa fünfzig Stadtstaaten verstehen, die im Becken von Mexiko lagen. Die einzige wirkliche politische Institution, die sie miteinander verband, war das System von Steuern und Abgaben, das darauf angelegt war, den Status des Souveräns und des Adels zu heben und die einfache Bevölkerung zu unterdrücken. Als sich das Reich ausdehnte, stellte das Abgabensystem höhere Anforderungen. Und in den Fällen, in denen Stadtstaaten auf Grund von militärischer Eroberung unter die Kontrolle der Azteken fielen, waren die Tributzahlungen noch härter.

Das goldene Zeitalter des Aztekenreichs begann 1428 mit der Gründung des aztekischen Dreibunds zwischen Mexico-Tenochtitlán, Texcoco und Tlacopan. Dies war die stabilste Form politischer Kooperation zwischen Stadtstaaten im Becken von Mexiko und aufgrund der wirtschaftlichen und militärischen Macht dieser Stadtstaaten waren die Azteken schließlich in der Lage, die Kontrolle über nahezu alle Siedlungen im Becken von Mexiko und darüber hinaus zu gewinnen.

Der Bund wurde aus dem Krieg heraus geboren. Die Feindseligkeiten zwischen den Mexica oder Azteken und den Tepaneken, einem Stadtstaat, der ebenfalls über erheblichen Einfluss im Becken von Mexiko verfügte, intensivierten sich um das Jahr 1426 herum. Die Tepaneken versuchten Tenochtitlán zu blockieren, um höhere Steuern und Abgaben durchzusetzen. Während sie versuchten, die Mexica in Tenochtitlán einzuschüchtern, schikanierten sie unter der Führung von Maxtla auch die Acolhua in

Texcoco. Als sie Netzahualcóyotl, den Souverän von Texcoco, zur Flucht zwangen, fanden die Mexica einen Verbündeten im Kampf gegen die Tepaneken. Darüber hinaus versuchte Moctezuma, der damalige Herrscher Tenochtitláns, Unterstützung für eine Rebellion im Becken von Mexiko zu sammeln, indem er die Bevölkerung von Tlacopan begünstigte, die der Herrschaft der Tepaneken überdrüssig war und sich nach einer Veränderung sehnte.

1428 brach der Krieg vollständig aus und die Tepaneken wurden von den vereinten Kräften von Texcoco, Tlacopan, Tenochtitlán und Huexotzinco besiegt, was den Mexica die Vormachtstellung im Becken von Mexiko verschaffte. Als größter, reichster und militärisch stärkster der drei Stadtstaaten war Tenochtitlán die naheliegende Wahl als Zentrum des neuformierten Bundes. Die Huexotzinco, die auf der anderen Seite der Berge lebten, waren nur daran interessiert, die Tepaneken loszuwerden, und hatten keine weiteren Ambitionen im Becken von Mexiko. Nach Beendigung des Krieges kehrten sie nach Hause zurück und die verbleibenden drei Stadtstaaten gründeten das, was wir heute den aztekischen Dreibund nennen.

Der Zusammenschluss war sowohl ein militärischer Bund als auch eine wirtschaftliche Kooperation. Die oberste Übereinkunft war, keinen Krieg gegeneinander zu führen und sich gegenseitig bei Eroberungskriegen zu unterstützen. Die Steuern aus den Eroberungen sollten geteilt werden, wobei Texcoco und Tenochtitlán je zwei Fünftel und Tlacopan ein Fünftel erhalten sollten. Die Hauptstadt des Bundes sollte in Tenochtitlán sein, was bedeutete, dass der Souverän des Stadtstaates de facto der Führer des Bundes war, wobei der Herrscher allerdings demokratisch gewählt wurde. Ein Wahlausschuss aus Adligen und Würdenträgern der drei Stadtstaaten war für die Wahl des Oberhauptes verantwortlich. Itzcoatl wurde zum ersten Oberhaupt des neuen Aztekenreichs ernannt, obwohl Moctezuma der Herrscher von Tenochtitlán gewesen war. Moctezuma musste warten, bis er an der Reihe war, Oberhaupt zur werden.

Nachdem das neue Aztekenreich seine Kräfte gebündelt hatte, richtete es seine Aufmerksamkeit darauf, Kontrolle über das gesamte Becken von Mexiko zu erlangen. Feldzüge während der 1430er Jahre brachten die Städte Chalco, Xochimilco, Cuitláhuac und Coyoacán unter den Einfluss des Dreibunds. Nachdem sie diese Eroberungen abgeschlossen hatten, schauten die Azteken weiter nach Süden und zogen in den heutigen Bundesstaat Morelos. Hier eroberten sie Cuauhnahuac (das heutige Cuernavaca) und Huaxtepec (Oaxaca). Das Klima in diesen beiden Städten war viel günstiger, da sie in geringeren Höhen lagen. Intensiver Ackerbau erbrachte beeindruckende Ernten, auf die es die Azteken abgesehen hatten, um ihre Bevölkerung ernähren und ihr Reich bereichern zu können.

Itzcoatl starb 1440 und Moctezuma I. wurde zum nächsten Kaiser gewählt. Seine Regierungszeit stellte einen wichtigen Teil der aztekischen Geschichte dar. Er begann den Bau einiger der bedeutenderen aztekischen Tempel, darunter der große Tempel von Tenochtitlán. Noch wichtiger war, dass es ihm gelang, die politische Macht in den Händen der Mexica zu konsolidieren.

Als neue Stadtstaaten unter die Kontrolle der Azteken gerieten, ernannte Moctezuma I. seine eigenen Vertrauten zu Steuereintreibern, um die vorhergehenden Dynastien zu umgehen und die Macht in den Händen von Tenochtitlán zu konzentrieren, indem er sie konkurrierenden Stämmen wegnahm. Moctezuma I. legte ebenfalls einen neuen Rechtskodex fest, der dazu diente, die Lücke zwischen Adligen und einfacher Bevölkerung zu vergrößern. Er war auch daran interessiert, Rebellionen zu unterdrücken und eroberte Stadtstaaten unter seiner Kontrolle zu behalten. Er schuf einen neuen Titel, den *Quahpilli* (Adlerherr). Jeder konnte diese Position einnehmen und sie wurde typischerweise an Krieger vergeben, die sich als außerordentlich erfolgreich in der Schlacht erwiesen hatten.

Moctezuma I. herrschte auch während einer der dunkleren Zeiten des Aztekenreichs. Eine schlimme Trockenheit traf die Region im

Jahr 1450, was in den nächsten vier Jahren zu erheblichen Hungersnöten führte. Tausende von Azteken starben während dieser Zeit an Hunger. Nach deren Ende gab es eine Zunahme an Menschenopfern im ganzen Reich, da man weithin glaubte, dass die Dürre und die Hungersnot das Ergebnis von zu wenigen Menschenopfern in den Jahren vor 1450 war.

Moctezuma I. und Nezahualcóyotl von Texcoco begannen 1458 eine Reihe von militärischen Unternehmungen, die die aztekische Einflusssphäre drastisch erweiterten. Die Azteken waren in der Lage, ihre Herrschaft weit über das Becken von Mexiko hinaus auszudehnen, und übten die Vorherrschaft im größten Teil der heutigen Bundesstaaten Morelos und Oaxaca aus.

Als Moctezuma I. 1468 starb, stieg Axayacatl, der Enkel Moctezumas I. und Itzcoatls auf den Thron. Den größten Teil seiner 13-jährigen Herrschaft verbrachte er damit, Territorien, die von seinen Vorgängern erobert worden waren, zu konsolidieren oder zurückzuerobern. Axayacatls Nachfolger war 1481 sein Bruder Tizoc. Er war jedoch ein schwacher Herrscher und schlechter militärischer Anführer. Er starb 1486 und wurde durch einen weiteren seiner Brüder, Auítzotl (oder Ahuitzotl), ersetzt. Es gibt Hinweise darauf, dass Tizoc möglicherweise durch Auítzotl ermordet wurde, da jene im Zentrum des Reichs ihn als Belastung empfanden.

Als Auítzotl auf den Thron stieg, begann eine Zeit weiterer militärischer Eroberungen, die das von den Azteken kontrollierte Territorium erheblich erweiterten. Insbesondere eroberte Auítzotl einen großen Teil des Tals von Oaxaca und die Soconusco-Küste Südmexikos. Obwohl diese Gegenden am weitesten vom Zentrum des Reichs entfernt lagen, waren sie bedeutend, weil sie eine wichtige Quelle für Güter wie Kakao und Federn waren, beide wurden vom Adel als Zeichen des Wohlstands und sozialen Standes benötigt.

Die Herrschaft Auítzotls stellte die Zeit größter Blüte des Aztekenreichs dar. Nicht nur wegen seiner territorialen Expansion, sondern auch, weil es Auítzotl gelang, die Macht im Dreibund zu konsolidieren. Er ersetzte den Titel *Tlatoani,* der so viel bedeutet wie „einer, der spricht" und das aztekische Wort für Herrscher war, durch *Huehuetlatoani,* was „oberster König" bedeutet. Die anderen Stadtstaaten wurden immer weniger bei Angelegenheiten des Reichs zu Rate gezogen und schienen kein Interesse daran zu haben, die Kontrolle von den Herrschern Tenochtitláns zurückzugewinnen. Der große Tempel der Stadt wurde während der Regentschaft Auítzotls fertiggestellt, was darauf hindeutet, dass seine Herrschaft eine Periode bedeutenden wirtschaftlichen Wohlstands war.

Als Auítzotl 1502 starb, wurde er durch Moctezuma Xocoyotzin ersetzt, der in den Geschichtsbüchern oft als Montezuma oder Montezuma II. bezeichnet wird und der nicht mit Moctezuma I. zu verwechseln ist. Er folgte den Spuren vorheriger Herrscher, die nach einer Zeit erheblicher Expansion an die Macht kamen, und versuchte im Wesentlichen, die Macht zu festigen. Aber dieses Mal schien es eine zielgerichtete Anstrengung gegeben zu haben, die Macht zu konsolidieren, nicht nur in den Händen des Dreibunds, sondern auch in den Händen von Moctezumas Familie. Er schaffte den Status zahlreicher Adliger ab und ersetzte sie durch Personen aus seinem engsten Umfeld. Am Hof übte Moctezuma eine Schreckensherrschaft aus, was einige Wissenschaftler veranlasste zu vermuten, dass Moctezuma möglicherweise Schritte in Richtung einer absoluten Monarchie im Aztekenreich unternahm.

Während der Regierungszeit Moctezumas erlebte das Aztekenreich seinen Höhepunkt. Es verfügte über die politische, wirtschaftliche, soziale und militärische Kontrolle über ein großes Territorium, in dem etwa drei bis vier Millionen Menschen lebten. Ein Misserfolg, den Moctezumas Vorgänger jedoch zu verzeichnen hatten, war ihre Erfolglosigkeit beim Versuch, die Tlaxcalteken zu unterwerfen, eine Nahuatl-sprechende Gruppe, die in der Nähe des Beckens von Mexiko siedelte, aber den Azteken widerstanden hatte.

Dass es ihnen nicht gelungen war, die Tlaxcalteken zu unterwerfen, sollte katastrophale Folgen für die Azteken haben, da es den Spaniern gelang, mit den Tlaxcalteken ein Bündnis einzugehen.

Es war überhaupt nicht schwer für die Spanier, Unterstützung für ihre Mission zu finden. Um das zu verstehen, muss man sich nur noch einmal vor Augen führen, warum die Azteken so auf die Expansion ihres Reichs bedacht waren. Sie suchten neue Stadtstaaten, die sie ihrem Steuer- und Abgabensystem unterwerfen konnten und sie suchten auch nach neuen Opfern, die sie den Göttern bringen konnten.

Darüber hinaus waren sie daran interessiert, den Ressourcenvorrat des Reichs zu vergrößern. Eine wachsende Bevölkerung bedeutete vermehrte Nachfrage nach Nahrung. Stadtstaaten in geringeren Höhen waren landwirtschaftlich viel ertragreicher, so dass die Eroberung dieser Siedlungen es den Azteken erleichterte, ihre Bevölkerung zu ernähren, und eine Möglichkeit bot, die aztekische Elite durch die Erhebung von Steuern und Abgaben noch reicher zu machen. Diese Strategie erwies sich als effektiv, denn das Aztekenreich wuchs nach der Gründung des Dreibunds erheblich an Reichtum und Bevölkerung, aber sie hatte auch zur Folge, dass die Feindseligkeit gegenüber Tenochtitlán und dem Aztekenreich wuchs, ein Umstand, der einen bedeutenden Nachteil für die Azteken gegen die Spanier darstellte. Es gab viele, die sich den Spaniern verschrieben, um die mächtigen Azteken zu unterwerfen.

Während der rund hundertjährigen Dauer des Dreibundes verwandelten die Azteken ihre Zivilisation aus einer Ansammlung halbverbundener, aber häufig untereinander kriegführender Stadtstaaten in das zweitgrößte Reich der Neuen Welt (lediglich die Inkas kontrollierten ein noch größeres Gebiet) und das größte Reich, das jemals in Mesoamerika existierte. Ihr System von Erweiterung und Konsolidierung war stetig und zielgerichtet. Herrschern, die das Territorium erfolgreich erweiterten, folgten Herrscher, denen es gelang, die neuerworbenen Gebiete und Städte zu konsolidieren und organisatorisch zu integrieren. Es gab auf diesem Weg viele Rückschläge – mehrere Städte wurden erobert, gingen verloren und wurden wieder erobert – aber im Großen und Ganzen wuchs das Reich, als die Spanier ankamen, sowohl an Größe als auch an Einfluss. Der Kontakt mit den Spaniern führte jedoch zum raschen Niedergang eines der mächtigsten Reiche der Alten Welt.

Kapitel 4 – Die Ankunft der Spanier und der Niedergang des Reichs

Mit der Landung von Christoph Kolumbus auf den Westindischen Inseln im Jahr 1492 waren die Spanier offiziell die ersten Europäer in der Neuen Welt. Begierig die Neue Welt zu erkunden, errichteten sie eine Basis auf Kuba und schickten Expeditionen in verschiedene Teile von Nord-, Mittel- und Südamerika aus. Eine dieser Expeditionen war die von Hernán Cortés. Die Spanier hatten von einer großen Macht in Zentralmexiko gehört. Gerüchte von großen Reichtümern gepaart mit dem Willen, den spanischen Einfluss in der Neuen Welt zu erweitern, ließen Cortés sein Augenmerk auf das Becken von Mexiko und das Reich der Azteken richten.

Cortés' Expedition war ursprünglich von der spanischen Krone abgesegnet und zur Hälfte finanziert worden, wobei Cortés das restliche Geld aufbrachte, damit die Mission stattfinden konnte. Kurz bevor er jedoch Richtung Mexiko in See stechen konnte, zog die spanische Krone ihre Unterstützung zurück, aber Cortés segelte trotzdem. Verschiedene Expeditionen wurden nach Cortés ausgeschickt, um ihn festzunehmen und in Gefangenschaft zu bringen.

1519 erreichte Cortés mit fünfhundert Soldaten die mexikanische Küste nahe der heutigen Stadt Veracruz. Sie wurden von Moctezumas Boten begrüßt, die von den merkwürdigen Menschen, die die Küste erforschten, gehört hatten. Moctezuma begegnete ihnen mit Vorsicht und nahm an, dass sie vielleicht Götter seien. Die Azteken, die Cortés begrüßten, überreichten ihm Geschenke, sowohl um friedliche Beziehungen einzugehen als auch um zu prüfen, ob diese Menschen Götter sind oder nicht. Berichten zufolge gerieten die Spanier bei der Überreichung der Goldgeschenke ganz aus dem Häuschen und diese Zurschaustellung von Gier und Lust überzeugte die Azteken, dass die Neuankömmlinge in der Tat keine Abkömmlinge des Himmels waren.

Cortés begann seinen Marsch ins Landesinnere und fand auf dem Weg Verbündete. Er hatte Gerüchte gehört, dass die aztekische Armee tausende von Soldaten zählte, und wusste, dass er mehr Truppen für eine erfolgreiche Eroberung benötigte, auch wenn die Spanier über bessere Waffen verfügten. Auf dem Marsch ins Landesinnere schloss Cortés zunächst einen Bund mit den Totonaken. Dann zogen sie nach Tlaxcala, dem mächtigen Stadtstaat, der sich der Kontrolle des Dreibunds widersetzt hatte. Nach einem anfänglichen Konflikt war es Cortés möglich, die Tlaxcalteken zu überzeugen, sich ihm auf seinem Marsch nach Tenochtitlán anzuschließen. Als Cortés schließlich in Zentralmexiko ankam, hatte er Truppen in einer Stärke von mehreren tausend Mann unter seinem Kommando.

Ihr erster Halt war die heilige Stadt von Cholula. Sie wurden zunächst willkommen geheißen, aber Cortés fürchtete einen Hinterhalt und schlachtete tausende von unbewaffneten Zivilisten ab. Als Moctezuma davon hörte, wurde er immer misstrauischer gegenüber den Spaniern. Da er die Absichten und die Stärke der spanischen Truppen fürchtete, sandte er ihnen weiterhin Geschenke, um die Freundschaft der Spanier zu gewinnen und Feindseligkeiten zu verhindern, aber dies verstärkte nur Cortés' Willen, das Aztekenreich zu erobern. Moctezuma schickte weiterhin Gold und genau das war es, was die Spanier wollten.

Als die Spanier ankamen, hieß Moctezuma sie willkommen, indem er sie in seinem Äquivalent eines königlichen Palastes unterbrachte. Cortés antwortete, indem er Moctezuma gefangen nahm. Er begann in Tenochtitlán zu herrschen, indem er vorgab, dass er auf Weisung des Aztekenherrschers handle. 1520 erreichte ihn die Nachricht seiner Späher, dass eine Expedition nach Mexiko gesandt worden war, um ihn festzunehmen. Er verließ Tenochtitlán mit der Hälfte seiner Truppen, um die Expedition zu bekämpfen. Er hatte Erfolg und kehrte nach Tenochtitlán zurück, um die Aufgabe, die Azteken unter spanische Kontrolle zu bringen, zu vollenden.

Nach seiner Rückkehr in die aztekische Hauptstadt bemerkte Cortés, dass Spannungen entstanden waren, die die Spanier in größere Gefahr brachten. Sie machten Pläne, aus der Stadt zu fliehen und sich neu zu formieren, aber als sie versuchten, mitten in der Nacht zu entkommen, erlitten sie heftige Verluste. Viele Spanier hatten sich mit Gold beladen, was sie verlangsamte und zu leichten Zielen machte. Schließlich gelang es den Spaniern, aus Tenochtitlán zu entkommen. Sie zogen sich nach Tlaxcala in die Berge zurück.

In den nächsten Monaten gelang es Cortés, sich neu aufzustellen. Er marschierte erneut nach Tenochtitlán, mit etwa 700 spanischen Soldaten und 70.000 einheimischen Truppen. Sie belagerten monatelang die Stadt. Krankheiten wie die Pocken wirkten sich verheerend auf die Stadt aus und dezimierten ihre Bevölkerung. Die Spanier schnitten alle Frischwasserquellen ab und unterbrachen den Nahrungstransport. Am 13. August 1521 wurde schließlich Cuauhtémoc, der Moctezuma als Kaiser nachgefolgt war, gefangen genommen und die Spanier beanspruchten den Sieg. Eine einst große Zivilisation sah einer dunklen Zeit entgegen. Die Spanier, die begierig darauf waren, die Menschen und das Land mit allem, was es hergab, auszubeuten, töteten tausende von Azteken und versklavten noch weitaus mehr. Das Aztekenreich war - nach fast hundert Jahren Ruhm im Becken von Mexiko - Geschichte.

Viele Menschen, denen die Art und Weise des Niedergangs des Aztekenreichs nicht vertraut ist, sind überrascht, wie eine so kleine Gruppe spanischer Soldaten in der Lage war, ein solch mächtiges Reich zu unterwerfen. Aber das ist ein deutliches Missverständnis der Art und Weise, wie Cortés in der Lage war, die Azteken schließlich zu unterwerfen. Zunächst einmal war seine Streitmacht viel größer als nur ein paar hundert Soldaten. Langjährige Rivalitäten in Kombination mit Vorbehalten gegenüber den von den Azteken erhobenen Steuern und Abgaben machten es Cortés leicht, Verbündete im Kampf gegen Tenochtitlán zu finden.

Aber die Spanier verfügten noch über eine weitere Waffe: Krankheiten. Krankheiten wie die Pocken waren in Mesoamerika gänzlich unbekannt. Während ihnen die Europäer schon seit Jahrhunderten ausgesetzt waren und Immunitäten dagegen entwickelt hatten, galt das nicht für die Azteken. Hunderttausende sollten an Pocken, Masern, Mumps, Grippe und vielen anderen Krankheiten sterben. Diese heimliche Waffe erwies sich als einer der wichtigsten Gründe, warum die Spanier in der Lage waren, die Kontrolle über ein so großes Reich in so kurzer Zeit zu erlangen.

Die Geschichte des Niedergangs der Azteken lässt der beeindruckenden Gestalt ihres Reichs keine Gerechtigkeit widerfahren. Sie errichteten eines der größten Reiche nicht nur in Amerika, sondern in der ganzen Alten Welt. Am Ende waren sie jedoch kein ebenbürtiger Gegner für europäische Waffen und Krankheiten und ihre Herrschaft über das Becken von Mexiko kam nur wenige Jahre, nachdem Cortés und die Spanier auf der mexikanischen Halbinsel gelandet waren, zu einem abrupten Ende.

Kapitel 5 – Ein Tag im Leben eines Azteken

Die Zugehörigkeit zu sozialen Schichten und Hierarchien beeinflusste das Leben eines aztekischen Bürgers sehr stark. Rechte, Pflichten und Privilegien wurden durch die soziale Stellung bestimmt. Adlige, die über größere Ressourcen verfügten, besaßen die größte Autonomie und Handlungsfreiheit. Wirft man jedoch einen genaueren Blick auf das Leben der verschiedenen Bevölkerungsgruppen, wird klar, dass es durchaus die Möglichkeit gab, sozial aufzusteigen. Nicht einmal ein Sklave oder eine Sklavin musste sein bzw. ihr ganzes Leben lang in diesem Stand verharren; es war gar nicht so schwierig, die Freiheit zu erlangen, besonders im Vergleich mit der Sklaverei in den entstehenden europäischen Kolonien.

Nichtsdestotrotz ist es nützlich, die aztekische Gesellschaft unter Klassengesichtspunkten zu analysieren, um ein lebendiges Bild davon zu erhalten, wie die Menschen ihr Leben sahen und lebten. Adlige waren vornehmlich dafür verantwortlich, Landbesitzer zu sein, die Regierung zu führen und die Armee zu kommandieren. Die einfachen Menschen waren an Zahl weit mehr als die Adligen und ihre Aufgabe war es, die Adligen mit Nahrung und anderen Waren zu versorgen. Der Erfolg der aztekischen Expansion ist zu einem großen

Teil diesem Gleichgewicht zu verdanken. Eine produktive und zufriedene Arbeiterklasse unterstützte eine Adelsschicht, die erkannt hatte, dass ihre Macht darauf beruhte, die Bedürfnisse der einfachen Menschen zu beachten.

Der Souverän, die Würdenträger und die Adligen

Die herrschenden Klassen der aztekischen Gesellschaft können grob in drei Gruppen eingeteilt werden. An der Spitze stand der Souverän, der den Titel *Tlatoani* trug. Jede Stadt hatte ihren eigenen *Tlatoani*. Mit der Bildung des Dreibunds wurde der Titel *Huehuetlatoani* eingeführt, der das Oberhaupt des Bundes bezeichnete. Der Begriff *Tlatoani* konnte je nach Kontext gebraucht werden, um den Herrscher eines Stadtstaates oder auch den Herrscher des Aztekenreichs zu bezeichnen.

Unter dem Souverän standen die Würdenträger, üblicherweise nahe Verwandte oder Freunde des Souveräns. Darunter standen die Adligen oder *Pilli*. Diese drei Gruppen waren verantwortlich für die Verwaltung, die Bürokratie und Regierung des Reichs. In der Frühzeit der aztekischen Zivilisation war diese Gruppe klein, aber mit den Jahrhunderten wuchs sie beträchtlich an und weitete ihre Macht über die Angelegenheiten des Reichs aus.

Der Souverän

Der Titel *Tlatoani* lässt sich mit „derjenige, der spricht" übersetzen, was sich als Kaiser verstehen lässt. Obwohl die ersten *Tlatoanis* versuchten, eine Ahnenlinie zu den Tolteken und den Göttern zu ziehen, wurden die meisten Kaiser gewählt. Während *Tlatoani* der Titel war, der dem Herrscher des Aztekenreichs entsprach, war es gleichzeitig der Name hochrangiger Würdenträger, die über einen Stadtstaat und seine Umgebung herrschten.

Es ist wichtig, im Gedächtnis zu behalten, dass das Aztekenreich kein Reich im traditionellen Sinn war. Es hatte keinen designierten Führer, der die Macht seiner Nachkommenschaft vererbte. Stattdessen wurde die aztekische Macht vom Dreibund abgeleitet. Als Folge stellt man fest, dass sich das Wort *Tlatoani* auf den Herrscher eines Stadtstaates beziehen kann und ebenfalls auf den Herrscher von Mexico-Tenochtitlán, der, da er in der Hauptstadt des Reichs residierte, als Herrscher der größeren aztekischen „Nation" galt.

Jeder Stadtstaat hatte seine eigenen Bestimmungen für die Abfolge von Herrschern. Einige folgten strikt Abstammungslinien und betonten ihre Beziehung zu einem bestimmten Stamm oder versuchten, ihren Herrschaftsanspruch von den Göttern abzuleiten. Viele Stadtstaaten wählten jedoch einfach einen neuen Herrscher, nachdem der vorherige *Tlatoani* gestorben war. Diese Tradition hat ihre Wurzeln in der Frühzeit der Azteken im Becken von Mexiko. Der *Tlatoani*, der als Herrscher von Mexico-Tenochtitlán und des gesamten Aztekenreichs bestimmt wurde, wurde immer gewählt, auch wenn die Gruppe, die für die Wahl verantwortlich war, mit der Expansion des Reichs bedeutend kleiner wurde.

Als die Azteken anfangs im Becken von Mexiko siedelten, fand die Wahl in der gesamten Stadt statt und die meisten erwachsenen Männer hatten die Gelegenheit über den kommenden Herrscher abzustimmen. Als das Reich sich ausdehnte, wurde es jedoch unmöglich, alle für eine Stimmabgabe zu versammeln, und ein Wahlgremium, das aus Würdenträgern bestand, wurde eingerichtet um den Herrscher zu wählen. So entfernte sich mit der Expansion des Reichs die Berechtigung zur Wahl des nächsten *Tlatoani* immer weiter von der Bevölkerung. Als die Spanier Anfang des 16. Jahrhunderts landeten, betrug das Wahlgremium nur noch etwa einhundert Personen. Bedenkt man, dass die Bevölkerung des Aztekenreichs zu dieser Zeit bei einigen Millionen lag, wird klar, dass die Macht und Regierung im Aztekenreich sich langsam in den

Händen einer kleinen Oligarchie zu festigen begann, die aus den obersten Rängen der Gesellschaft kam.

Nachdem er auf den Thron gestiegen war, nahm der Souverän drei hauptsächliche Rollen ein: Oberbefehlshaber der Armee, Repräsentant der herrschenden Klasse und Vollstrecker des Gesetzes sowie Beschützer der einfachen Menschen. In unserem traditionellen Verständnis von Herrschaftsstrukturen war das Aztekenreich eine Monarchie. Wie allerdings zuvor erwähnt, gab es auch einige Aspekte einer Demokratie, nämlich die Wahl des Staatsoberhauptes und das individuelle Recht zu wählen. Der langsame Verfall dieser Rechte höhlte den Anspruch der Azteken auf Demokratie aus, aber es ist dennoch wichtig, seine einstige Existenz festzustellen.

Der Name *Tlatoani* war kein Fehler. „Derjenige, der spricht" entsprach der Erwartung an den aztekischen Herrscher, dass er in der Lage sein würde, die Autorität im Rat durch lange, eloquente Reden auszuüben, die dazu dienten, die Meinungen und Überzeugungen der Kabinettsmitglieder zu beeinflussen. In diesen Sitzungen diskutierte der Herrscher mit seinem Rat die Zukunft der Azteken.

Der andere Titel des Herrschers, *Tlacatecuhtli*, leitete sich direkt von der Verantwortung des Herrschers als Oberkommandierender des Militärs ab. *Tlacatecuhtli* bedeutet wörtlich „Anführer der Krieger". Ein guter Teil der Zeit des Herrschers entfiel auf die Durchführung von Feldzügen. Da die drei Städte des Dreibunds mächtige Stadtstaaten waren, verfügte der aztekische Souverän über eine beträchtliche Streitmacht, die er führen konnte, wie er es für angebracht hielt.

Die dritte Verantwortlichkeit des aztekischen Souveräns bestand gegenüber den Untertanen. Auch wenn die aztekischen Herrscher sich formal nicht auf ein göttliches Recht zur Herrschaft beriefen, vermittelten der Wahlprozess und die Krönungszeremonie den Eindruck, dass der Herrscher nicht von den Bürgern, sondern von den Göttern gewählt worden ist, insbesondere durch Tezcatlipoca, der dafür bekannt war, aufgrund eines magischen Spiegels, der es ihm erlaubte, alles zu allen Zeiten zu sehen, über große Weisheit zu verfügen.

Zu den wichtigsten Aufgaben jedes aztekischen Herrschers gehörte sowohl die Verteidigung des Tempels von Huitzilopochtli als auch die Gewährleistung, dass die Götter ihre ihnen zustehenden Gottesdienste erhielten. Nach der Erledigung ihrer Pflichten gegenüber den Göttern waren die aztekischen Herrscher für die Menschen verantwortlich.

Der aztekische Souverän wurde traditionell als „Vater und Mutter von Mexiko" gesehen. Es oblag ihm, sich um die Menschen zu kümmern, Hungersnöte abzuwehren sowie Trunkenheit und anderes unerwünschtes Benehmen in den Städten zu unterbinden.

Die meisten Forscher aztekischer Quellen weisen darauf hin, dass die Herrscher diese Verantwortung ernst nahmen. Es scheint eine wirkliche Verbundenheit zwischen den Herrschern und den Beherrschten gegeben zu haben. Obwohl die Herrscher ihre Thronbesteigung auf göttliche Intervention zurückführten, deuten alle Quellen darauf hin, dass sie sich nicht als über der Bevölkerung stehend betrachteten. Und es gibt viele Beispiele von Herrschern, die sich als wahrhaft wohltätig erwiesen. Moctezuma I. ist zum Beispiel dafür berühmt, dass er rund 200.000 Ladungen an Kleidung und Mais an die Bevölkerung von Auítzotl verteilen ließ, so dass sie sich von einer großen Überflutung erholen konnten.

Wie bei den meisten Dingen im Aztekenreich ist es wichtig, sich daran zu erinnern, dass sich die Sichtweise auf den Souverän zwischen den Landesteilen unterschied. Der enge Bund zwischen Herrscher und Beherrschten bestand vornehmlich im Zentrum des Reichs, nämlich in Mexico-Tenochtitlán und im Becken von Mexiko. Die Verbindung von Souverän und Untertanen war in den Provinzen viel schwächer. Abgaben und Steuern waren hier stärker spürbar, ihr Nutzen aber weitaus geringer, so dass die Bewohner der Siedlungen in den Provinzen ein ganz anderes Verständnis ihres Herrschers hatten als ihre Gegenüber im Zentrum.

Die Würdenträger

Unmittelbar unter dem Souverän standen in der sozialen Hierarchie der Azteken die Würdenträger. Diese waren typischerweise enge Verwandte oder Freunde des *Tlatoani* und sie waren für die Ausführung vieler Entscheidungen des Herrschers verantwortlich.

Der genaue Titel jedes Würdenträgers und seiner entsprechenden Aufgaben variierte von Stadtstaat zu Stadtstaat und von *Tlatoani* zu *Tlatoani* erheblich. Jede Position war auf die speziellen Bedürfnisse der entsprechenden Stadt zugeschnitten. Posten wurden aber auch geschaffen, um denjenigen Menschen des inneren Zirkels des *Tlatoani* Rang und Titel zu verleihen, die für bedeutsam genug gehalten wurden, eine Position bei Hofe einzunehmen.

Die Pflichten dieser Personen bewegten sich vom Schutz eines Tempels bis zur Verwaltung der Kornspeicher oder anderer Gebäude, in denen Abgaben und Steuern gelagert wurden. Die verschiedenen Namen für die verschiedenen Titel sind zu zahlreich, um sie aufzuzählen. Aus diesen Würdenträgern wählte der *Tlatoani* seinen Rat aus. Diese kleine Gruppe war verantwortlich für die Beratung des *Tlatoani* in allen wichtigen Staatsfragen. Sie mussten vor jedem Feldzug gehört werden und ihr Segen wurde benötig, bevor etwas Neues begonnen wurde.

Darüber hinaus bestand das Wahlgremium, das für die Wahl des nächsten Herrschers zuständig war, oft zu Teilen, wenn nicht sogar ganz aus den Würdenträgern. Das stellte eine erhebliche Veränderung gegenüber der Art und Weise dar, wie die Herrscher gewählt wurden, als die Azteken zuerst im Becken von Mexiko siedelten. Als die Spanier ankamen, war der aztekische Staat keine Demokratie mehr, sondern eine Oligarchie, die von einem mächtigen Herrscher geschützt wurde. Der Haupteffekt davon war die starke Unterteilung der Gesellschaft. Auch wenn sozialer Aufstieg möglich war – ein Mitglied der Arbeiterklasse konnte zum Adel aufsteigen, wenn das für die Adligen von Vorteil war – war er nicht häufig.

Irgendwann während der Herrschaft Moctezumas I. (im frühen 15. Jahrhundert) gelangte der Titel *Ciuacoatl* in die Berichte über die aztekische Geschichte. Dieser Titel, der seltsamerweise als „Schlangenfrau" übersetzt wird, bezeichnete den Vize-Herrscher. Er war für die Durchführung der Gerichtsbarkeit zuständig und agierte als Oberster Richter bei Straf- und Kriegsrechtsprozessen. Er verhandelte Fälle und traf Entscheidungen über Berufungen, entschied, welche Krieger belohnt wurden, organisierte Feldzüge, verwaltete die kaiserlichen Finanzen, organisierte nach dem Tod des Kaisers das Wahlgremium und diente als Staatsoberhaupt während des Wahlvorgangs. Der Amtsinhaber vereinigte große Verantwortung in der aztekischen Regierung. Für diese Position berufen zu werden, galt als eine der höchsten Ehren, die ein *Tlatoani* einem Einzelnen erweisen konnte.

Adlige

Die nächste Schicht der herrschenden Klassen waren die Adligen oder *Pipiltin* bzw. *Pilli* (Singular). Zusammen mit dem Souverän und den Würdenträgern machten die Adligen nur etwa fünf Prozent der gesamten aztekischen Bevölkerung aus, aber sie waren diejenigen, die Verantwortung trugen. Die *Pipiltin* waren nicht so sehr mit der Leitung des gesamten Reichs befasst wie die Würdenträger und der Souverän, stattdessen lag ihre Aufgabe darin, das Territorium zu verwalten, das ihnen überlassen worden war, und ihren Palast zu unterhalten.

Es ist klar, dass die *Pipiltin* die einfachen Arbeiter als ihre Untertanen sahen, und sie hielten es für die Hauptaufgabe der einfachen Leute, den Adligen zu Diensten zu sein. Es gab keine einheitliche Art und Weise, wie die Adligen die Arbeiter behandelten. Die Lebensbedingungen der einfachen Bürger konnten leicht sein, aber auch fast bis zur Sklaverei reichen, je nach individueller Einstellung und persönlichen Umständen der Adligen.

Unabhängig davon, wie der *Pilli* seine Untertanen behandelte, waren die einfachen Leute an ihren Adligen gebunden und verpflichtet, bestimmte Güter für ihn bereitzustellen und sein Land zu bearbeiten. Darüber hinaus musste jeder einfache Bürger (insbesondere die Männer) als Soldat dienen, wenn ein Feldzug anstand, da die Azteken kein stehendes Heer hatten. Unglücklicherweise liegen uns praktisch keine numerischen oder anekdotischen Überlieferungen vor, die uns helfen könnten, den vollen Umfang der Pflichten eines einfachen Untertanen gegenüber seinem Herrn einzuschätzen.

Eines der wesentlichen Merkmale des Adels waren seine Paläste. Es war äußerst wichtig, dass die *Pipiltin* Wege fanden, sich von den einfachen Untertanen abzugrenzen, und einer davon bestand darin, große und luxuriöse Häuser vorzugsweise auf dem besten Land der Region zu bauen. Auch in kleinen Provinzstädten baute der örtliche Adlige ein großes Haus aus möglichst feinen Materialien. Da viele Adlige polygam waren, bauten sie oft Häuser mit getrennten Apartments für jede ihrer Familien.

Gleichwohl sollte niemals vergessen werden, dass der Adel auf die einfachen Bürger angewiesen war, um seine privilegierte Position aufrechtzuerhalten. Jeder Bürger war verpflichtet, seinem Adligen Steuern oder Abgaben zu zahlen, und der Adel war darauf angewiesen, dass die Untertanen ihr Land bearbeiteten und Waren produzierten, die sich verkaufen ließen und zur Aufrechterhaltung ihres Prestiges in der Gesellschaft beitrugen.

Wenn man sich den Umgang des Adels mit den einfachen Bürgern ansieht, erkennt man schnell, dass die aztekische Gesellschaft ziemlich ungleich war. Der Adel war sich dessen bewusst und da die Aufrechterhaltung seiner herausgehobenen Position eines seiner Hauptziele war, ergriff er eine Reihe von Maßnahmen, um sich als Beschützer der Gesellschaft zu etablieren, wodurch seine besondere Stellung gerechtfertigt wurde.

Als erstes nutzten die Adligen die Vorstellungswelt, um die aztekische Gesellschaft mit der sozialen Hierarchie zu versöhnen. Sie beeinflussten, was in den Tempeln gesprochen wurde, und kontrollierten, über was die Menschen sprachen. Dadurch war der Adel in der Lage, bestimmte Vorstellungen in den einfachen Menschen zu evozieren, wie „jeder muss seine Pflicht tun", „Leiden und harte Arbeit sind der natürliche Zustand der menschlichen Existenz" und „das Schicksal der Menschen liegt in den Händen der Götter". Diese Überzeugungen trugen dazu bei, Bewegungen von unten, die die Autorität des Adels in Frage stellen könnten, zu unterdrücken.

Dennoch benötigten die Adligen noch etwas anderes als Worte und Ideen, um an Macht und Einfluss zu gewinnen. Die Interaktion zwischen dem Adel und den Nicht-Adligen war stark durch Zwang geprägt. Die meisten einfachen Leute gerieten als Ergebnis eines Eroberungszugs unter die Herrschaft eines Adligen. Die Strafe dafür, dass sie keine Abgaben und Steuern zahlten oder das Land des Adligen nicht bearbeiteten, war eine Rückkehr zum Konflikt. Und da die Azteken schon ihre Dominanz unter Beweis gestellt hatten, war dieser Weg für die unterdrückten Menschen nicht besonders aussichtsreich. Es war daher eine viel bessere Alternative, sich der neuen politischen Ordnung zu unterwerfen, als sich damit zu beschäftigen, irgendetwas zu ändern.

Die dritte Art und Weise, wie sich der Adel von den einfachen Menschen abgrenzte und seine herausgehobene Position festigte, war der materielle Konsum. Der Adel trug die teuerste Kleidung, aß die exotischsten Speisen und lebte in den aufwändigsten Häusern. Besondere Regeln wurden aufgestellt, um diese Trennung aufrechtzuerhalten. Der Adel durfte nur innerhalb des Adels heiraten und es wurde erwartet, dass man sich in Krisenzeiten gegenseitig unterstützte.

Natürlich bestand die Notwendigkeit zu gewährleisten, dass die einzelnen Bürger genug Nahrung und Obdach hatten. Aber darüber hinaus – und vor allem in den Gebieten jenseits des Beckens von Mexiko – gab es wenige Anstrengungen des Adels, das Leben der Menschen zu verbessern. Die einfachen Menschen waren die Untertanen und es wurde erwartet, dass sie ihren Dienst so verrichten, wie es für den Adligen und das Reich am meisten Sinn ergab.

Einfache Bürger

Das Leben des einfachen Bürgers bestand in der aztekischen Zivilisation fast ausschließlich aus Arbeit. Vom Augenblick der Geburt an wurden Kindern ihre Geschlechterrollen zugeschrieben: Jungen sollten aufwachsen, um Krieger zu werden und in der gleichen Beschäftigung wie ihre Väter zu arbeiten, und Mädchen sollten sich um den Haushalt kümmern und kochen, saubermachen, weben und Kinder bekommen.

Da einfache Bürger im Aztekenreich arbeiten mussten, wurden sie schon in frühestem Alter daran gewöhnt. Hinweise aus dem Codex Mendoza, einer der wichtigsten Primärquellen der Zeit, deuten darauf hin, dass Jungen schon mit fünf Jahren Feuerholz und andere Waren auf nahegelegene Märkte trugen und Mädchen schon gelernt hatten, eine Spindel zu halten und zu spinnen. Im Alter von sieben Jahren fingen Jungen bereits Fische und Mädchen spannen Baumwolle.

Diese Tätigkeiten wurden Kindern durch ein System von Drohungen und Bestrafungen aufgezwungen. Aztekische Eltern erzogen ihre Kinder nicht zur Faulheit, da dies schlechtes Benehmen mit sich bringen würde. Um ein Beispiel zu nennen: Achtjährige Kinder, die sich auflehnend gegen ihren Vater verhielten, wurden mit Spießen in den Bauch gestochen. Ältere Kinder wurden mit Stöcken geschlagen, wenn sie rebellierten. Bis zum Alter von 15 Jahren wurden Kinder hauptsächlich zu Hause von ihren Eltern unterrichtet, später gingen sie zur weiteren Ausbildung je nach Geschlecht und ihrer vorgesehenen Rolle auf eine entsprechende Schule.

Wie fast alles in der alten aztekischen Gesellschaft war auch die Schule durch die sozialen Klassen getrennt. Die Schule für die einfachen Bürger, die *Telpochalli* hieß, brachte den Kindern Singen, Tanzen und das Spielen von Instrumenten (für den rituellen Gebrauch) bei. Die meisten Jungen erhielten auch eine militärische Ausbildung. Der Militärdienst war für alle Männer verpflichtend, so dass die meisten Männer nach Beendigung ihrer Ausbildung in die Armee eintraten und fortgeschickt wurden, um den Expansionsplänen des Reichs zu dienen. Die Adligen wurden im *Calmecac* erzogen, wo ihnen kompliziertere Dinge wie Religion, Schreiben und Mathematik beigebracht wurden.

Die Heirat war ebenfalls ein entscheidender Teil des Erwachsenwerdens. Typischerweise wurden Heiraten von Eltern oder anderen Älteren arrangiert und im Alter von zwölf Jahren waren die meisten Azteken verheiratet. Von da an waren die Geschlechterrollen noch klarer festgelegt. Männer arbeiteten außerhalb des Hauses, typischerweise auf dem Feld. Wenn die Feldarbeit mit dem Wandel der Jahreszeiten abnahm, wurden die meisten männlichen Azteken fortgeschickt. Der Militärdienst war genauso verpflichtend wie die Arbeit. Wenn die Männer nicht in den Krieg geschickt wurden, gingen sie auf die Ländereien des Adels, um dort Feldarbeit zu leisten. Adlige waren sowohl vom Militärdienst als auch von der körperlichen Arbeit befreit.

Aztekische Frauen verbrachten die meiste Zeit im Haus, um zu kochen und das Essen zuzubereiten. Sie waren auch für die Säuberung des Hauses verantwortlich, was aber eher als Ritual denn als lästige Arbeit galt, und für das Verbrennen von Weihrauch und der Pflege des häuslichen Altars. Frauen spielten also im Haus eine wichtigere Rolle als Männer.

Die Erledigung von Pflichten nahm den größten Teil der Zeit eines einfachen aztekischen Bürgers in Anspruch, aber sie bestimmte das Leben nicht vollständig. Es gab zahlreiche Gelegenheiten für einfache Bürger, sich sozial zu verbessern und sogar in den Adel aufzusteigen.

Die aztekische Gesellschaft war so gestaltet, dass soziale Beweglichkeit gewollt war. Einer der Hauptgründe dafür war die Art und Weise, in der Landbesitz in der aztekischen Gesellschaft strukturiert war.

Formal gesehen konnte Land nicht von einer Einzelperson besessen werden. Stattdessen war es gemeinschaftlicher Besitz unter der Verwaltung des *Calpulli*, des Häuptlings. Jeder Mann erhielt das individuelle Recht, ein Stück Land zu bearbeiten. Er durfte es nach seinen Wünschen bearbeiten, musste aber Steuern und Abgaben nach dem erzielten Ertrag zahlen. Dafür hatte er eine Stimme bei der Wahl des *Calpulli* und konnte von den öffentlichen Dienstleistungen des *Calpulli* profitieren, wie zum Beispiel schönere Tempel, Zugang zu Frischwasser in Aquädukten und öffentlicher Sicherheit.

Landwirtschaftlich nutzbares Land war im Becken von Mexiko allerdings knapp. Der größte Teil des besten Landes war der, der an den Texcoco-See grenzte, und aus diesem Grund lebten die meisten Azteken in der Stadt und verließen sich auf die Warenversorgung der Städte durch die Provinzen. Das führte zu einer weiteren Teilung der aztekischen Gesellschaft, nämlich der zwischen dem Leben in der Provinz und dem in der Stadt. Beide bezahlten Steuern, aber die in den Städten lebenden Azteken profitierten in weit höherem Maße von den Steuern, da die meisten Verbesserungen in städtischen Regionen vorgenommen wurden.

Die Nutzung des Landes war ein Recht der einfachen Bürger und brachte bestimmte Privilegien und Vorteile mit sich, aber das Recht gab es nicht umsonst. Es war an die Erwartung geknüpft, dass das Land auch wirklich genutzt wurde. Wenn Land mehr als zwei Jahre brach liegen blieb, wurde der Rechteinhaber ernsthaft vom *Calpulli* und der Gemeinschaft ermahnt. Nach weiteren Jahren der Inaktivität konnte er das Nutzungsrecht verlieren und lief Gefahr, mit seiner Familie in die Klasse der Landlosen abzurutschen, die weniger Rechte und Privilegien genoss.

Diese Möglichkeit bestand zwar, trat aber nur selten ein. Die Verpflichtung zur Produktion und die relative Autonomie der einfachen Bürger trugen zum Wachstum der Azteken in Zentralmexiko bei und sie waren ein wichtiger Grund, warum sie zur vorherrschenden Macht in der Region wurden. Als sich die Azteken weiterentwickelten, wurden immer mehr Ausnahmen von der Verpflichtung zur Arbeit gemacht. Weniger Land und mehr Arbeiter bedeuteten, dass nicht jeder gebraucht wurde, um das Land effektiv zu bearbeiten. Das vermehrte den Wohlstand und trug zu einer Vergrößerung der Adelsschicht und einer Diversifizierung des städtischen Lebens bei, aber auch zu einer Vergrößerung der wirtschaftlichen und sozialen Ungleichheiten.

Die gesellschaftliche Schichtung wurde durch den Wandel traditioneller Vorstellungen von Landbesitz und -nutzung herbeigeführt. Die Vorstellung eines gemeinschaftlichen Landbesitzes verschwand mit der Zeit und der Adel war dafür bekannt, dass er sich das Land nahm und die Kontrolle darüber ausübte – und damit die Möglichkeiten der einfachen Bürger begrenzte, selbst Reichtum anzuhäufen. Das Steuer- und Abgabensystem verschärfte die Situation noch. Die gesamte Bevölkerung einer Stadt zahlte Steuern an das Reich und da es kein Geld gab, wurden diese Steuern in Gütern gezahlt. Die Höhe der Abgaben, die von jeder Stadt und Provinzregion entrichtet wurden, berechnete sich anhand des Bedarfs des Adels und der Verfügbarkeit von Ressourcen. Die Abgaben reichten von Tuchen, Umhängen, Korn und Öl bis zu Papageienfedern und wertvollen Edelsteinen.

Obwohl die Abgaben variierten, ist deutlich, dass sie großen Reichtum nach Mexiko-Tenochtitlán brachten und das Aztekenreich weiter stärkten. Ein gutes Maß für den Reichtum der Zeit ist das *Quatchtli*, das zwanzig Ladungen Tuch entsprach. Ein *Quatchtli* entsprach etwa dem Lebensbedarf eines Jahres. Auf der Höhe der Abgabeneintreibung in Mexiko wurden etwa 100.000 *Quatchtli* aus den Stadtstaaten, die dem aztekischen Abgabensystem unterworfen waren, nach Mexiko gebracht, was bedeutete, dass allein die Abgaben von Tuch einen Gegenwert von 100.000 Jahreseinkommen hatten.

Dass diese Abgaben so hoch waren, lag zum Teil daran, dass sie aus eroberten Gebieten kamen. Eroberungen waren ein Hauptbestandteil der aztekischen Expansion und mit der Herstellung militärischer Vorherrschaft über eine bestimmte Region begannen Verhandlungen zwischen den siegreichen Azteken und den Besiegten. Da immer ein erneuter Konflikt drohte, befanden sich die Azteken für gewöhnlich in einer vorteilhaften Verhandlungsposition, die es ihnen erlaubte, außerordentliche Forderungen an neu-eroberte Territorien und deren Einwohner zu stellen.

Militärische Stärke und ein produktives Abgabensystem waren die Gründe, warum das Aztekenreich sowohl an Größe als auch an Einfluss gewinnen konnte und zur vorherrschenden Macht in der Region wurde. Aber in vielerlei Hinsicht war es auch einer der Gründe, aus denen es schließlich zu Fall kam. Der graduelle Übergang von einer Gesellschaft, in der jeder das Recht besaß, ein Stück Land zu bearbeiten, zu einer, die große Abgabenmengen für das zentrale Reich erbringen sollte, führte zu einer erheblichen Abneigung gegenüber Mexico-Tenochtitlán und dem Dreibund.

Die Ausgewogenheit des täglichen Lebens im Mexiko der Stämme wurde langsam verdrängt. An seine Stelle trat ein Leben, in dem die Arbeitsleistung einer Stadt oder eines Ortes zunehmend darauf gerichtet war, die Bedürfnisse der Würdenträger und der Elite des Reichs zu befriedigen. Ein Verlangen nach der Rückkehr zu früheren Verhältnissen führte viele Einwohner der Provinz dazu, Cortés und die Spanier bei ihrem Versuch, das Aztekenreich zu zerstören, zu unterstützen, was eine entscheidende Rolle für den europäischen Erfolg spielte.

Mit der Ausdehnung des Reichs entstand auch eine neue Klasse, die sich in der gesellschaftlichen Hierarchie zwischen dem Adel und den einfachen Bürgern ansiedelte: die Kaufleute. Da Städte und kleinere Orte immer stärker verbunden waren, weitete sich der Bedarf an Gütern aus der Ferne aus, sei es für den persönlichen Bedarf oder als Abgaben. Einfache Bürger, die es verstanden, erfolgreich mit Waren zwischen den Städten zu handeln, wurden ziemlich reich.

Die Ironie dabei ist, dass dieser Reichtum weitgehend unverteilt blieb. Im Gegensatz zum Adel, den Souveränen und den Würdenträgern, von denen man erwartete, dass sie hohe Ausgaben tätigten, um ihre soziale Position zu erhalten, standen Kaufleute nicht unter diesem Druck. Sie konnten ihre Einkünfte ausgeben oder sparen, wie es ihnen beliebte. Sie lebten sicher sehr viel komfortabler und luxuriöser als einfache Bürger, aber sie waren auf keinen Fall so offen extravagant wie die Mitglieder der herrschenden Klassen.

Mit dem Fortschreiten der aztekischen Zivilisation wuchs auch die Klasse der Kaufleute hinsichtlich Wohlstand, Macht und Einfluss beträchtlich, aber sie stellten niemals eine ernsthafte Bedrohung für die höheren Klassen dar. Und da der Reichtum, den sie anhäuften, kaum unter den gewöhnlichen Bürgern in Umlauf kam, blieben sie eine relativ kleine Gruppe innerhalb der aztekischen Gesellschaft.

Es trifft zwar zu, dass ein einfacher Bürger im Mexiko des vierzehnten, fünfzehnten und sechzehnten Jahrhunderts auf Grund seiner Möglichkeiten, sein eigenes Land zu bearbeiten, einen gewissen Grad an gesellschaftlicher Mobilität besaß, aber die Realität war, dass der Durchschnittsbürger den größten Teil seines Lebens der Arbeit und dem Militärdienst widmete. Die Männer verbrachten lange Perioden von zu Hause entfernt und die Frauen waren auf den Haushalt beschränkt. Dieser Status Quo war für eine Weile akzeptabel, aber als sich die Ungleichheiten vertieften, wuchs die Abneigung gegen Mexico-Tenochtitlán und den Dreibund und resultierte im Zusammenbruch einer der größten Zivilisationen nicht nur Mesoamerikas, sondern des ganzen amerikanischen Kontinents.

Landlose Bauern

Zwischen den einfachen Bürgern und der niedersten Klasse der aztekischen Gesellschaft, den Sklaven, stand noch eine weitere soziale

Klasse, die Erwähnung finden muss: die landlosen Bauern. Wie jemand „landlos" werden konnte, ist schwer zu erkennen, besonders, da es ja der aztekischen Tradition entsprach, dass jedermann über ein Stück Land verfügte, so dass er die notwendigen Steuern und Abgaben aufbringen konnte, die der örtliche Adlige verlangte. Aber mit dem ständig drohenden Krieg und Menschen, die aus eroberten Städten und Orten vertrieben wurden, wuchs die Klasse der Landlosen tatsächlich im Laufe der Zeit an.

Diese Menschen waren im Wesentlichen dazu bestimmt, einen nomadischen Lebensstil zu führen, bis sie einen Adligen fanden, der willens war, sie aufzunehmen. Adlige waren fast immer auf der Suche nach zusätzlichen Arbeitskräften, um auf ihrem zum Teil sehr fruchtbaren Land zu arbeiten. Ein Adliger konnte landlose Bauern aufnehmen und ihnen erlauben, für die Miete zu arbeiten, die üblicherweise aus einem Teil der Waren bestand, die sie produzierten, oder aus zusätzlicher Arbeit.

Es ist allerdings wichtig anzumerken, dass landlose Bauern, die von einem Adligen aufgenommen wurden, nicht automatisch die gleichen Rechte wie der Rest des Stammes hatten. Zum Beispiel durften sie in keiner der städtischen Wahlen mit abstimmen. Dennoch gab es in diesem Arrangement ein bisschen Gerechtigkeit. Obwohl er nicht wählen durfte, schuldete der Landlose der Stadt nichts. Er zahlte keine Steuern und war von Diensten und militärischen Verpflichtungen ausgenommen. Er war im Wesentlichen nur dem Adligen verpflichtet, der ihn aufgenommen und ihm einen Platz zum Leben und Arbeiten gegeben hatte.

Sklaven

Die niedrigste soziale Klasse in der aztekischen Gesellschaft waren – wie in fast allen Zivilisationen – die Sklaven. Auch wenn das Leben eines Sklaven keineswegs komfortabel und luxuriös war, war es weit besser als die Formen der Sklaverei, die mit der Formierung der europäischen Kolonien nach Amerika kamen. Tatsächlich spiegelt sich in den Berichten der spanischen Entdecker und Eroberer die Überraschung der Neuankömmlinge über die ziemlich milde Behandlung der Sklaven wider.

An der Oberfläche war die aztekische Sklaverei anderen Formen der Sklaverei in der Geschichte recht ähnlich. Ein Sklave gehörte einem Mann und war verpflichtet, die Arbeit, die dieser ihm gab, zu verrichten. Dafür erhielt er Kleidung, Obdach und Nahrung. Männer arbeiteten als Farmarbeiter oder Diener, Frauen spannen oder webten Kleidung. Viele Sklavinnen dienten ihren Besitzern auch als Konkubinen.

Jenseits dieser Gemeinsamkeiten unterschied sich die aztekische Sklaverei aber von der Art der Sklaverei, die sich nach der Ankunft der Spanier und der Eroberung des Aztekenreichs verbreitete, die viel härter und mit drastischeren Strafen verbunden war als alles, was im Aztekenreich stattgefunden hatte. Einer der bemerkenswertesten Unterschiede war, dass es aztekischen Sklaven erlaubt war, Waren zu besitzen, Geld zu sparen, Land zu kaufen und sogar andere Sklaven zu kaufen, um ihnen bei der Feldarbeit zu helfen, wenn sie das nötige Geld besaßen. Einem Sklaven war es auch erlaubt, eine freie Frau zu heiraten. Es war eine durchaus gängige Praxis für eine Witwe, einen ihrer Sklaven zu heiraten und ihn so zum Vorstand des Haushalts zu machen. Kinder einer solchen Ehe waren genauso frei wie die Kinder zweier Sklaven. Niemand konnte in die Sklaverei geboren werden.

Und im Gegensatz zu anderen Gesellschaften waren die Kinder von Sklaven nicht aus der Gesellschaft ausgestoßen. Es war tatsächlich nicht (oder kaum) gesellschaftlich anrüchig, ein Kind von Eltern zu sein, die Sklaven waren. Itzcoatl, einer der größten Kaiser in der aztekischen Geschichte, war Sohn einer Sklavin. Dieser Status wirkte sich nicht auf seine Möglichkeit aus, die soziale Leiter zu erklimmen und eine Position großen Ansehens und großer Verantwortung zu erlangen.

Darüber hinaus war Sklaverei kein Dauerzustand. Es gab mehrere sehr realistische Wege, auf denen Sklavinnen oder Sklaven ihre

Freiheit erlangen konnte. So wurden sie zum Beispiel frei, wenn ihr Herr starb. Sie konnten nicht an einen anderen Besitzer weitervererbt werden.

Sklaven konnten verkauft werden, aber es gab einen Weg für sie, ihre Freiheit zu erlangen, bevor sie an einen anderen Besitzer gingen. Bei der Auktion stand es ihnen frei zu fliehen. Niemand außer ihrem Herrn und dessen Sohn durfte sie verfolgen. Sollte ein anderer sie verfolgen, hieß die Strafe Sklaverei. Konnte der Sklave entkommen und es bis zum nahegelegenen Palast oder zur königlichen Enklave schaffen, wurde ihm sofort seine Freiheit gewährt. Herrscher verfügten ebenfalls über die Möglichkeit, Sklaven die Freiheit zu schenken. Moctezuma II. war zum Beispiel dafür berühmt, während seiner Regentschaft großen Mengen von Sklaven die Freiheit gewährt zu haben.

Sklaven konnten auch ihre eigene Freiheit kaufen. Sie taten dies, indem sie zu ihrem Herrn mit der Summe, die er für sie bezahlt hatte, zurückkehrten. Und in einigen Fällen konnten sie ihre Freiheit erlangen, indem sie jemanden fanden, der ihren Platz einnahm. Brüder und Schwestern durften oft für den gleichen Herrn arbeiten und Familien wurden selten getrennt. Eines der schlimmsten Bilder der europäischen Sklaverei war, wie Familien entzweigerissen und an verschiedene Sklavenhalter verkauft wurden.

Natürlich war Sklaverei Sklaverei, aber im Aztekenreich herrschte eine entschieden mildere Form vor als anderswo in der Geschichte, insbesondere im Vergleich zu dem, was aus dem Becken von Mexiko nach der spanischen Invasion, Eroberung und Kolonisierung werden sollte.

In der aztekischen Gesellschaft konnte jemand auf verschiedene Arten zum Sklaven werden. Kriegsgefangene wurden üblicherweise geopfert, aber diejenigen, denen dieses Schicksal erspart blieb, wurden meistens in Gefangenschaft verkauft. Einige Stadtstaaten verlangten Sklaven als Tribut und die Städte, die solche Tribute bezahlten, suchten üblicherweise außerhalb des Reichs nach Menschen, die sie dem Adel anbieten konnten.

In manchen Fällen war Sklaverei auch die Bestrafung für Verbrechen. Das aztekische Rechtssystem sah keine langen Strafen vor, sondern wählte unmittelbare und oft härtere Strafen für bestimmte Verbrechen. Wenn ein Mann zum Beispiel beim Diebstahl erwischt wurde, wurde er gezwungen, solange als Sklave für den Bestohlenen zu arbeiten, bis der Wert des gestohlenen Gegenstands ersetzt war. Der einzige Weg, wie er der erzwungenen Arbeit entkommen konnte, war, dem Adligen oder dem Tempel vollen Ersatz für den Wert des gestohlenen Gegenstands zu leisten.

Der bei weitem häufigste Grund, warum jemand in der aztekischen Gesellschaft als Sklave endete, war die persönliche Entscheidung. Trinker, die ihr Land nicht bestellen konnten (oder denen es weggenommen wurde, weil es zu lange brach gelegen hatte), Spieler, die nach dem Spiel *Patolli* süchtig waren, Prostituierte, die ihrem Gewerbe nicht mehr nachgehen wollten, und Schuldner, die nicht bezahlen konnten, gehörten zu denen, die oft ihre Freiheit aufgaben, um sicherzustellen, dass sie ein Dach über dem Kopf und Nahrung hatten.

Es wurde eine durchaus übliche Praxis im Aztekenreich, dass Familien zur Begleichung ihrer Schulden einen ihrer Söhne als Sklaven anboten. Wenn dieser Sohn volljährig wurde und verheiratet werden konnte, ersetzte ihn die Familie durch einen anderen Sohn. Dieses Arrangement dauerte so lange an, bis die für die Begleichung der Schuld vereinbarte Zeit um war. Wenn der Sklave starb, bevor die Schuld abbezahlt war, wurde sie getilgt. Sklaven, die die Begleichung einer Schuld darstellten, wurden daher oft außergewöhnlich gut behandelt.

Ein anderer großer Unterschied zwischen der aztekischen und europäischen Sklaverei bestand darin, dass der Verkauf von Sklaven nicht häufig vorkam und sehr strikt reguliert war. Wenn ein Herr nicht mehr in der Lage war, für seine Sklaven zu sorgen, durfte er sie verkaufen. Das führte oft dazu, dass der Sklave sich selbst darum kümmerte, was das beste Arrangement für seinen Herrn war, d.h. es war nicht ungewöhnlich, dass Sklaven selbstständig durchs Land reisten, was in anderen Sklavenhaltergesellschaften nie vorkam. Sklaven konnten zudem verkauft werden, wenn sie für faul oder bösartig gehalten wurden. Wenn der Herr nachweisen konnte, dass er den Sklaven dreimal verwarnt hatte und sich der Sklave immer noch weigerte zu arbeiten, war es dem Herrn erlaubt, dem Sklaven einen hölzernen Schandkragen anzulegen und ihn auf dem Markt zu verkaufen. Das war äußerst ungewöhnlich und passierte nur sehr selten.

Darüber hinaus waren Sklaven davon ausgenommen, Steuern zu zahlen oder im Militär zu dienen. Ihre einzige Pflicht war es, ihrem Herrn zu dienen, und wenn es einem Sklaven gelang, seine Freiheit zu verdienen, war er nur sich selbst verpflichtet.

Die Art der aztekischen Sklaverei sagt etwas über die Durchlässigkeit der aztekischen Gesellschaft aus. Es trifft zwar zu, dass die Gesellschaft in verschiedene Klassen unterteilt war, die durch Macht, Reichtum und Privilegien voneinander getrennt waren, aber es stand einem auch nichts im Wege, aus der Sklaverei in den Adel aufzusteigen. Man konnte seine Freiheit gewinnen, sich in einer Stadt niederlassen, arbeiten und den Reichtum und Einfluss anhäufen, der nötig war, um eine höhere Stellung im Reich zu bekleiden. Dennoch war soziale Mobilität eher die Ausnahme als die Regel. Daher überrascht es nicht, dass die Sklaverei in späteren Zeiten des Aztekenreichs bedeutender wurde. Als die militärische Eroberung an Bedeutung gewann und immer mehr Stämme unter die Herrschaft der Azteken fielen, nahm die Zahl derer, die in Gefangenschaft gerieten, zu. Diese Art der sozialen Klassenbildung erwies sich beim Wachstum des Reichs zwar als hilfreich, trug aber letztendlich auch zum Niedergang des Reichs bei und ist einer der Gründe, warum es so anfällig war, als Cortés und seine Expedition 1519 im Becken von Mexiko erschienen.

Kapitel 6 – Landwirtschaft und Ernährung

Um der Größe und Ausdehnung des Aztekenreichs, das zur Zeit der spanischen Invasion etwa drei bis vier Millionen Menschen umfasste, gerecht zu werden, musste sich die Landwirtschaft weiterentwickeln, um all diese Menschen mit Nahrung versorgen zu können.

Wie die meisten mesoamerikanischen Kulturen hätten die Azteken ihre Machtposition nicht ohne den Mais erringen können. Mais ist aus einer Reihe von Gründen ein besonderes Getreide. Zunächst gedeiht er unter vielfältigen Boden- und Klimabedingungen. Es gibt verschiedene Arten in Mesoamerika, die sich insbesondere an die dortigen Bedingungen angepasst haben. Darüber hinaus kann Mais gut gelagert werden. In Jahren des Überflusses können die Maiskörner an der Luft getrocknet werden und bei Bedarf eingeweicht und verzehrt werden.

Das nächste Hauptnahrungsmittel in der aztekischen Ernährung waren Bohnen. Fleisch war nicht verbreitet in Mittelamerika, was zu Fragen bezüglich der Ernährungsgesundheit der Azteken geführt hat. Aber eine Ernährungsweise mit Mais und Bohnen kann den Körper tatsächlich mit allen elf Aminosäuren versorgen. Die Bereitstellung eines „kompletten Proteins" macht Fleisch in der Ernährung so wichtig. Aber es gibt andere Wege, diese Nährstoffe zu sich zu nehmen, wozu sich die Azteken wohl in der Lage gesehen haben.

Die Hauptnahrung der aztekischen Kultur und im heutigen Mesoamerika ist die Tortilla. Tortillas werden hergestellt, indem man Mais zunächst in einer Alkalilösung, normalerweise Wasser gemischt mit Kalkstein, einweicht. Während das vornehmlich dem Geschmack dient, erweist sich dieser Prozess auch als hilfreich, um zusätzliche Aminosäuren freizusetzen, die sich im Korn befinden und die der Körper nicht von sich aus erreichen kann. Nachdem der Mais eingeweicht wurde, wird er zu einem Teig geknetet, zu einer flachen Tortilla geformt und in einem Lehmofen gebacken. Man kann sie sofort oder später essen. Das machte Tortillas zu einer geeigneten Nahrung für Männer, die es weit zu ihrer Arbeit hatten oder ihren Dienst für den Adel verrichteten.

Mais und Bohnen stellten den Hauptteil der Ernährung dar – sie wurden bei praktisch jeder Mahlzeit gegessen – und wurden durch Früchte und Gemüse ergänzt, wie zum Beispiel Avocado, Tomaten und Nopal, der Frucht des Feigenkaktus. Oft finden sich Chilischoten in traditionellen aztekischen Gerichten, sie dienten der Versorgung der Azteken mit den Vitaminen A und C sowie mit Riboflavin und Niazin.

Insekten, Würmer und Pflanzen waren ebenfalls wichtige Proteinlieferanten. So bemerkten die Spanier nach ihrer Ankunft, dass die aztekischen Frauen Spirulina-Algen aus dem See sammelten und sie zu Kuchen und Broten formten. Die Fremden sahen auf diese Nahrung herab, aber die Azteken schätzten sie wegen ihrer Proteine und medizinischen Eigenschaften. Hunde, Truthähne und Enten waren die einzigen domestizierten Tiere in der Welt der Azteken, aber sie wurden nur selten als Fleisch genutzt. Das Fleisch größerer Tiere wie Kühe und Schweine war praktisch komplett abwesend in der Ernährung der Azteken.

Damit Mais, Früchte und Gemüse im gesamten Reich verfügbar waren, war es notwendig, dass sich die aztekische Landwirtschaft an den gestiegenen Bedarf anpasste. Im Allgemeinen gibt es zwei Typen von Landwirtschaft: extensive und intensive. Die extensive Landwirtschaft ist passiv. Gewässert wird nur durch Regen, es wird kein oder kaum Dünger benutzt und die Bauern verwenden nur sehr wenig Zeit darauf, ihre Anbaufläche von Unkraut zu befreien. Der Vorteil extensiver Landwirtschaft besteht darin, dass sie nur sehr wenig menschliche Arbeitskraft benötigt. Der Hauptnachteil besteht darin, dass die Erträge gering sind. In der frühen aztekischen Ära reichte die extensive Landwirtschaft aus, aber als die Bevölkerung wuchs, wurde es nötig, intensivere Formen der Landwirtschaft einzuführen.

Die intensive Landwirtschaft trägt ihren Namen, weil bei ihr das Stück Land intensiv bearbeitet wird, um den Nutzen zu maximieren. Die vier Haupttypen der intensiven aztekischen Landwirtschaft waren Bewässerungsfeldbau, Terrassenfeldbau, Feldbau auf erhöhten Felder und Hausgärten.

Unter Bewässerung versteht man den Prozess, Frischwasser auf ein Feld umzuleiten, um eine stete Wasserversorgung zu gewährleisten, die die Pflanzen schneller wachsen lässt. In Zentralmexiko, wo nur in der Regenzeit Regen fällt, erlaubte es die Bewässerungstechnik, die Regenzeit auszudehnen und auch schon vor der Regenzeit mit der Bewässerung zu beginnen. Dies verschaffte den Azteken einen Vorsprung und ermöglichte ihnen eine längere Wachstumsperiode, was zu größeren Ernten führte, die mehr Menschen ernähren konnten.

In Zentralmexiko wurde wo immer möglich die Bewässerung genutzt. Allerdings war sie zu einem weit größeren Maße im Gebiet des heutigen Bundesstaates Morelos verbreitet. Dies ist bedeutsam, da viele der Städte in dieser Gegend zu den fortschrittlichsten des Reichs gehörten. Die meisten Wissenschaftler sind sich einig, dass die verbreitete Nutzung der Bewässerung immer dann geschah, wenn es eine zentrale Autorität gab, die in der Lage war, Arbeit zu organisieren und Ressourcen zu verwalten. Bei Ankunft der Spanier im Becken von Mexiko hatten die Azteken beinahe jede Frischwasserquelle angezapft. Eine weitere Intensivierung hätte einer zusätzlichen Koordination sowohl von Arbeit als auch von Ressourcen einer zentralen Autorität bedurft, was erklärt, dass die bewässerten Felder in den wohlhabendsten und am besten verwalteten Teilen des Reichs angelegt waren.

Der Terrassenfeldbau war ein weiterer Bestandteil der aztekischen Landwirtschaft. Da das Becken von Mexiko eine bergige Region ist, sind die Flächen, auf denen Land bewässert und intensiv kultiviert werden kann, ziemlich begrenzt. Die Terrassierung erlaubte es den Städten, das meiste aus ihrem Land zu machen, indem sie Berge und Hügel in nutzbares Land verwandelten. Der größte Teil der Terrassierung geschah mit Steinen, aber in Gegenden, wo die Hänge weniger steil waren, nutzten die aztekischen Bauern Pflanzen, die sie zu einer festen Masse zerstampften.

Ein weiteres Markenzeichen der aztekischen Landwirtschaft waren erhöhte Felder. Viele Stadtstaaten, die mit den Azteken verbunden waren, lagen in Gegenden, in denen Marschland und Sümpfe die Landschaft dominierten. Um das meiste aus dem Land herauszuholen, hoben die Arbeiter einen Graben in der Nähe des Sumpfes aus, um ihn zu entwässern. Dann füllten sie die entwässerten Teile mit Schlamm und Dreck aus dem Sumpf auf und schufen so ein Stück festes Land, das bestellt werden konnte.

Diese Felder sind als *Chinampas* bekannt und recht ertragreich. Der Schlamm und Dreck, die den Boden bildeten, waren organisches Material, das reich an den Nährstoffen war, die für den Getreideanbau benötigt wurden. Und da diese Felder auf einem Sumpf lagen, gab es eine konstante Wasserversorgung. Überdies lagen die meisten Sümpfe und Marschen im südlichen Teil des Beckens von Mexiko, der wärmer und weniger anfällig für Frost war als andere Teile des Beckens. Aufgrund dieser drei Faktoren wurden die *Chinampas* zu sehr ertragreichen Bestandteilen des aztekischen Landwirtschaftssystems. Sie erlaubten auch den Anbau verschiedener Getreidesorten.

Der letzte Typ intensiver Landwirtschaft in der Ära der Azteken war der hauseigene Anbau. Dabei wurde das Land, auf dem eine Familie lebte, genutzt, um Nahrung und andere Güter zu produzieren. Die meisten Hinweise aus dieser Zeit deuten darauf hin, dass dies eine übliche Praxis der Azteken war. Getreide wurde mit organischem Material aus dem Haus gedüngt und die Familienmitglieder teilten sich die Arbeit des Unkrautjätens und Erntens. Die Produktivität dieser Flächen variierte erheblich mit ihrer Größe und der Zahl der Familienmitglieder, die zur Arbeit zur Verfügung standen.

Keine dieser intensiven Anbaumethoden war neu in Mesoamerika. Sie wurden schon in der einen oder anderen Form seit hunderten von Jahren vor den Azteken benutzt. Was die Azteken einzigartig machte, war das Ausmaß, in dem diese Methoden genutzt wurden. Der größte Teil des Beckens von Mexiko war zu irgendeinem Zeitpunkt einmal bewässert oder terrassiert und wenn man den heutigen Bundesstaat Morelos bereist, sieht man noch in Betrieb befindliche *Chinampas* oder solche, die Touristen gezeigt werden.

Im Allgemeinen waren die Azteken sehr erfolgreich bei der Expansion ihrer Landwirtschaft, um eine Bevölkerung von mehr als drei Millionen Menschen zu versorgen, aber man muss sich fragen, ob das weiterhin der Fall gewesen wäre, wären nicht die Spanier gekommen. Landwirtschaftlich nutzbares Land war knapp und das meiste Frischwasser wurde bereits genutzt. Es ist unmöglich zu wissen, „was gewesen wäre, wenn", aber es ist klar, dass die Azteken die Kapazität des von ihnen bewohnten Landes nahezu ausgeschöpft hatten.

Kapitel 7 – Religion

Die Religion spielte eine zentrale Rolle im Leben der aztekischen Herrscher und der Bevölkerung. Es ist praktisch unmöglich, eine Liste aller Vorstellungen und Gottheiten der aztekischen Religion zusammenzustellen. Das liegt im Wesentlichen daran, dass es nicht *eine* aztekische Religion gab. Stattdessen kombinierten die Azteken ein breites Spektrum an Glaubensvorstellungen und Ideen aus anderen mesoamerikanischen Kulturen, insbesondere der Maya und Tolteken. Es gibt jedoch einige charakteristische Züge der aztekischen Religion, die helfen, ein wenig Licht darauf zu werfen, wie das Leben im Mexiko des 15. Jahrhunderts aussah.

Schöpfung, Leben, Tod und die vier Sonnen

Die Azteken glaubten, dass die Erde, auf der wir gegenwärtig leben, tatsächlich die fünfte Erde ist, die existiert. Die Erden (oder „Sonnen") wurden durch die Götter geschaffen und sie hörten an dem Tag auf zu existieren, der bei ihrer Schöpfung vorausbestimmt war. Menschen lebten auf jeder dieser Sonnen, aber sie wurden vollständig von einer Katastrophe ausgelöscht. Diese Vorstellung bestimmte die aztekische Religion und die aztekische Art zu leben. Vor allem erschuf sie die Vorstellung, dass das Leben auf der Erde in ständiger Gefahr war. Wenn die gegenwärtige Sonne, auf der die Menschen lebten, nicht genug Nahrung erhielt, dann würde sie dem aztekischen Glauben nach aufhören zu existieren und alle Menschen würden zugrunde gehen wie bei den vorherigen Sonnen.

Die erste Sonne hieß Nahui-Ocelotl, was so viel wie Vier-Jaguare bedeutet. Der Name wurde gewählt, weil man glaubte, dass alle Menschen auf der ersten Sonne durch Jaguare getötet worden waren. Die zweite Sonne kam wegen Nahui-Ehecatl (Vier-Winde) an ihr Ende. Ein magischer Hurrikan soll alle Menschen auf der Erde in Affen verwandelt haben. Die dritte Sonne, Nahui-Quiahuitl (Vier-Regen), endete, als Tlaloc, der Gott des Regens und Donners, einen Feuerregen auf die Erde hinabsandte. Die letzte Erde schließlich, Nahui-Alt (Vier-Wasser) endete in einer Flut, die 52 Jahre dauerte. Nur ein Mann und eine Frau sollen überlebt haben und sie wurden prompt vom Gott Tezcatlipoca in Hunde verwandelt, weil sie seinen Anordnungen nicht Folge leisteten.

Die fünfte Sonne, auf der die damalige Menschheit lebte, wurde von Quetzalcóatl geschaffen, dem Schwanzfederschlangen-Gott. Die Legende berichtet, dass Quetzalcóatl sein Blut auf die trockenen Knochen der Toten träufelte, wodurch die Knochen wieder zum Leben erweckt wurden und die Menschheit, wie wir sie kennen, geschaffen wurde. Die zeitgenössische Sonne heißt Nahui-Ollin oder Vier-Erdbeben, weil sie ihr Ende in einem riesigen Erdbeben finden soll, in dem skelettartige Monster aus dem Westen, die *Tzitzimime*, kommen und alle Menschen töten werden.

Die Azteken glaubten, dass zwei Urwesen für die Schaffung des Lebens und aller Lebewesen, einschließlich der Götter, verantwortlich waren. Das waren Ometecutli, der Gott der Zweiheit, und Omeciuatl, die Göttin der Zweiheit. Die Erde existierte zwischen 13 Himmeln, die sich über der Erde befanden, und 9 Höllen, die sich unter der Oberfläche unserer Welt befanden. Die beiden höchsten Schöpfer lebten im 13. Himmel und auch wenn sie sich weitgehend aus der

Erschaffung der Welt zurückgezogen hatten, waren sie immer für Schöpfung und Tod verantwortlich.

Die Nachkommen des Herrn und der Herrin der Zweiheit waren die für die Schöpfung dieser Erde verantwortlichen Götter. Die Geschichte in der aztekischen Religion wird so erzählt, dass die Götter sich in der Dämmerung in Teotihuacán versammelt hatten und ein Gott sich als Opfer ins Feuer warf. Als er sich aus dem Feuer erhob, hatte er sich in eine Sonne verwandelt. Aber er konnte sich nicht bewegen. Er benötigte Blut, um seine Starre zu brechen, was die anderen Götter bereitwillig spendeten, indem sie sich selbst opferten. Das Leben wurde aus dem Tod geschaffen, eine Vorstellung, die im Zentrum der aztekischen Religion stand und während ihrer Vorherrschaft im Becken von Mexiko Bestand hatte.

Die aztekischen Vorstellungen vom Leben nach dem Tode sind im Vergleich mit anderen Kulturen und Religionen ziemlich düster. Nach aztekischer Tradition wurden diejenigen, die an Lepra, Ödemen, Gicht oder Lungenkrankheiten starben in das alte Paradies des Regengottes Tlaloc geschickt, weil man annahm, dass er der Grund für ihren Tod sei. Aufgrund der besonderen Auswahl durch einen Gott wurden die Seelen dieser Menschen ins Paradies geschickt.

Danach gab es zwei Hauptkategorien von Menschen, die mit der Sonne in die Himmel aufstiegen, wenn sie starben. Diese beiden Kategorien waren Krieger, die in der Schlacht gefallen waren oder geopfert wurden, und Kaufleute, die in fernen Landen getötet worden waren, sowie Frauen, die bei der Geburt ihres ersten Kindes starben.

Der Rest der Menschen wurde nach Mictlan geschickt, dem Land der neun Höllen, das unter der Erde existierte. Es heißt, dass es vier Jahre dauerte, durch alle neun Höllen zu reisen, und dass man komplett verschwand, wenn man endlich ankam. Auf der Erde brachten die Nachfahren eines Verstorbenen achtzig Tage nach dem Tod Opfergaben dar und dann wieder an jedem Jahrestag des Todes für die nächsten vier Jahre. Nach dem vierten Jahr war die Verbindung zwischen den Lebenden und den Toten verloren.

Diese Version der Realität schockiert möglicherweise heutige Leser, aber sie hilft, die Azteken und ihre Art zu leben besser zu verstehen. Zwei wichtige Themen sind aus dieser Schöpfungsgeschichte entstanden. Das erste war der Glaube, dass sich die Welt in ständiger Gefahr befand. Vier Welten waren vor dieser erschaffen worden und sind untergegangen und es gab keinen Grund anzunehmen, dass diese nicht dem gleichen Schicksal folgen würde.

Die zweite Schlüsselerkenntnis aus der aztekischen Schöpfungsgeschichte ist die Bedeutung des Bluts, um die Welt am Leben zu halten. Da der erste Gott sich ins Feuer geworfen und in eine Sonne verwandelt hatte, die sich nicht bewegen konnte, bevor sie das Blut der anderen Götter erhalten hatte, sahen es die Azteken als ihre Pflicht an, die Erde mit Blut zu versorgen, so dass sie sich weiter bewegen konnte und das drohende Schicksal abgewendet wurde. Und die aztekische Fassung von dem, was sich nach dem Leben ereignete, verstärkte diese Vorstellung. Nichts wartete auf sie nach dem Tod, so dass die einzige Motivation des Lebens war, Blut für die Fortdauer der Erde bereitzustellen. Aus diesem Grund wurden Menschenopfer ein solch wichtiger Aspekt im Leben und in der Religion der Azteken und es wird auch klar, warum Krieg ein integraler Bestandteil der Aufrechterhaltung des Aztekenreichs war.

Menschenopfer

Vielleicht eines der einflussreichsten Bilder der Azteken, die Hollywood und andere Popkulturmedien hervorgebracht haben, ist das eines aztekischen Piiesters, der auf der Spitze eines pyramidenförmigen Tempels steht und das noch schlagende Herz eines soeben Geopferten in der Hand hält. Dieses Bild spiegelt nicht die Gänze des Aztekenreichs wider, aber es wäre ein Fehler, die Funktion dieser Praxis für die Azteken herunterzuspielen und auch die Rolle, die sie bei jedermanns alltäglichen Entscheidungen spielte, vom Souverän bis zum Sklaven.

Da das Schicksal der Erde davon abhing, dass Menschen ihr täglich Blut zuführten, glaubten die Azteken, dass das Leben selbst Blut benötigte. Der Erde das Blut zu verweigern, das sie zum Überbleiben brauchte, hieß, alles Leben auf der Welt und schließlich die Erde selbst zu töten. Aus dieser Perspektive wurde das Opfer eine essentielle Pflicht für fast jeden Azteken.

Opfer fanden auf verschiedene Weisen statt, meistens geschahen sie in einem Tempel. Das Opfer lag ausgestreckt auf dem Rücken auf einem runden Stein. Der Torso streckte sich den Himmeln entgegen, Kopf und Füße befanden sich in der Nähe des Bodens. Vier Priester waren dafür verantwortlich, das Opfer niederzuhalten und wenn sie es sicher hielten, trat ein fünfter mit einem Flintmesser hinzu, um die Brust aufzuschneiden und das blutende Herz herauszureißen.

Eine andere Form des Opfers ähnelte der Tradition der Gladiatoren im antiken Rom. Das Opfer trug einen schweren Stein am Bein, um es langsam zu machen und seine Bewegungsfreiheit einzuschränken. Es erhielt hölzerne Waffen und wurde gegen andere Azteken, die mit richtigen Waffen ausgerüstet waren, in einen Kampf geschickt. Es war gelinde gesagt ein unfairer Kampf und er endete in der Regel damit, dass der als Opfer auserkorene Kandidat blutige Wunden davontrug. Er wurde dann zu einem Stein gebracht, wo eine ähnliche Zeremonie wie mit anderen rituellen Opfern durchgeführt wurde. Wenn das Opfer in dieser Form durchgeführt wurde, bestand die Möglichkeit zu entkommen. Wenn das vorgesehene Opfer die aztekischen Kämpfer abwehren konnte, wurde es nicht geopfert. Das kam jedoch angesichts der unvorteilhaften Ausgangslage des Gefangenen kaum vor.

Es gab noch weitere Arten, Menschen zu opfern, ohne ihnen das Herz herauszuschneiden. Frauen wurden im Namen der Göttin der Erde geopfert und dies geschah dadurch, dass man ihnen während des Tanzes unerwartet den Kopf abschlug. Um Tlaloc, dem

Regengott, Opfergaben darzubringen, ertränkte man Kinder, und dem Feuergott wurden Opfer dargebracht, indem man Menschen ins Feuer stieß. Um den Gott Xipe Totec zu ehren, wurden Gefangene gefesselt, mit Pfeilen beschossen und dann ausgepeitscht. Es war eine übliche Praxis, die Opfer als Götter zu verkleiden. So war das Blut, das vergossen und geopfert wurde, das Blut eines Gottes und spiegelte das aztekische Verständnis der Schöpfung und aller Lebewesen wider.

Die Verpflichtung, Menschen zu opfern, hatte eine beträchtliche Wirkung auf die Entwicklung des Aztekenreichs. Zunächst wurde dadurch die Notwendigkeit geschaffen, ständig Krieg zu führen. Die ursprüngliche Expansion der aztekischen Stadtstaaten schuf ein großes Gebiet friedlicher Gemeinschaften. Es wäre für Priester und Herrscher nicht möglich gewesen, Menschenopfer unter ihren eigenen Leuten zu finden. Aber die Notwendigkeit, den Durst der Götter nach Blut zu stillen, blieb, weshalb sich die meisten aztekischen Stadtstaaten ständig im Krieg befanden. Es war eine Quelle großen Stolzes für Krieger, die an diesen Kriegszügen teilnahmen, wenn sie in der Lage waren, Gefangene nach Hause zu bringen, die den Göttern geopfert werden konnten. Aus diesem Grund muteten die Kämpfe mit den Azteken manchmal seltsam an. Viele Krieger versuchten – in der Hoffnung Gefangene zu machen, was ihnen Ruhm und Ehre einbrachte – so wenig Feinde wie möglich zu töten.

Die andere Art, in der die Opferpraxis die aztekische Zivilisation beeinflusste, bestand darin, wie sie den Spaniern erschienen, als sie den Kontakt mit der Zivilisation der Neuen Welt aufnahmen. Wenn die Spanier auch keineswegs Heilige waren, war das Bild von Menschen, denen ihr Herz herausgerissen wurde, während sie auf einem Stein lagen, für die Neuankömmlinge äußerst schwer zu ertragen. Aus diesem Grund sahen die spanischen Siedler die aztekischen Götter als Dämonen und die aztekische Religion als böse an. Dies stärkte ihre Überzeugung, Mexiko und seine Bewohner von diesen bösen Praktiken zu befreien.

Während uns die Vorstellung von Menschenopfern im Rückblick grausam erscheint, wäre es unklug die gesamte aztekische Gesellschaft aufgrund dieser einen Praxis zu beurteilen. Sie war in der Tat gewalttätig, aber sie stimmte mit ihrer Sichtweise der Welt und dessen, was es bedurfte, um deren Existenz zu sichern, überein. Durch alle Zeitalter hindurch, einschließlich des unsrigen, haben Zivilisationen verschiedene Gründe und Methoden gefunden, viele Menschen zu töten. Wir schauen vielleicht zurück und stellen die Praktiken der Azteken in Frage, aber wenn wir das tun, sollten wir uns vergegenwärtigen, dass das, was wir heute tun, mit dem gleichen Grad an Abscheu von jemandem betrachtet werden kann, der von außen kommt.

Die Götter

Es ist klar, dass sich das Leben der Azteken sehr um die Religion drehte. Die zentrale Lehre ihrer militärischen und zivilen Expansion war die Gewährleistung, dass die Götter zufrieden waren und dass die Erde über so viel Blut verfügte, wie sie für ihren Weiterbestand benötigte. Darüber hinaus war es eine der Hauptaufgaben jedes Souveräns, Würdenträgers oder Adligen, den örtlichen Tempel zu beschützen, so dass die Götter den Gottesdienst empfangen konnten, der ihnen gebührte.

Die religiösen Praktiken hatten zwei Formen: Menschenopfer und Zeremonien, die in den Tempeln stattfanden oder als Gottesdienst zu Hause. Die meisten Orte und Städte hatten einen Schutzgott, dem sie geweiht waren, und die Bürger stellten in ihren Häusern Altäre mit Götzenbildern auf, so dass sie nach Belieben zu ihren Göttern beten konnten. Zu den Pflichten der Hausfrau gehörte es, Weihrauch zu entzünden, das Haus für die Götter sauber zu halten und den Altar zu pflegen, sowie Opfergaben für die zu sammeln, die in den vorangegangenen vier Jahren verstorben waren.

Aber wer waren diese Götter genau? Wie verstanden die Azteken das Übernatürliche? Wie anhand der verschiedenen

Schöpfungsmythen und Begründungen der Menschenopfer deutlich wird, hatten die Azteken viele Götter, fast zu viele, um sie alle zu zählen. Man glaubte, dass alle Götter vom Herrn und von der Herrin der Zweiheit abstammten. Aber diese zwei Götter waren weit entfernt vom täglichen Leben der Azteken. Stattdessen saßen sie im 13. Himmel und erschufen nach Belieben Götter, Menschen und Erden.

Viele aztekische Götter sind Manifestationen weiterer aztekischer Götter in anderer Gestalt, aber viele stehen auch als einzelne Gottheiten für sich. Wenn es auch unmöglich ist, eine Liste aller angebeteten aztekischen Götter aufzustellen, kann man diese Liste auf einige Hauptgötter verkürzen, die die Basis der aztekischen Religion bildeten.

Quetzalcóatl

Die Geschichte von Quetzalcóatl, einem der wichtigsten Götter der aztekischen Religion, ist zentral sowohl für den Ursprung als auch für den Niedergang der Azteken. Die Azteken führten ihre Wurzeln zurück zu den Tolteken Nordmexikos. In dieser Kultur war Quetzalcóatl der Priesterkönig von Tula, der toltekischen Hauptstadt. Als Herrscher opferte Quetzalcóatl niemals Menschen, sondern wählte stattdessen Schlangen, Vögel und Schmetterlinge. Er wurde jedoch von einem anderen toltekischen Gott, Tezcatlipoca, aus Tula vertrieben. Als das passierte, begann Quetzalcóatl eine Wanderung nach Süden. Nachdem er am „göttlichen Wasser" (dem Atlantischen Ozean) entlanggewandert war, nahm er sich das Leben und erschien als Planet Venus wieder (eine weitere Verbindung zwischen Zerstörung und Schöpfung).

Es gibt Gründe anzunehmen, dass sich irgendeine Version dieser Ereignisse wirklich abgespielt hat. Die frühen toltekischen Zivilisationen praktizierten Theologie und konzentrierten sich auf ein friedliches, gewaltfreies Leben. Allerdings wurden die Herrscher, die diese Weltsicht verbreiteten, von einer Militär-Aristokratie abgesetzt, die eine weitaus aggressivere Perspektive hatte. Quetzalcóatls Reisen in den Südosten könnten sich auf die Invasion Yucatans durch die Itzá beziehen, einem Stamm, der eng mit den Tolteken verbunden war.

Eine der auffälligsten Verbindungen zwischen Quetzalcóatl und der Geschichte bezieht sich jedoch auf den letztendlichen Niedergang und die Zerstörung des Aztekischen Reichs. Die Legende besagt, dass Quetzalcóatl in einem Ein-Schilf-Jahr (siehe dazu die Beschreibung des Kalenders) von seiner Reise zurückkehren würde. Das Jahr 1519, in dem Hernán Cortés und seine Eroberer an der Küste des Golfs von Mexiko landeten, war tatsächlich ein Ein-Schilf-Jahr. Das ließ den Herrscher der Azteken, Moctezuma, annehmen, dass die Ankunft der Spanier ein göttliches Ereignis war. Er dachte, die Neuankömmlinge könnten die Inkarnation Quetzalcóatls sein, und empfing sie daher mit offenen Armen. Das erwies sich offensichtlich als tödlicher Fehler, da das Aztekenreich innerhalb weniger Jahren nach Ankunft der Spanier zusammenbrach.

Quetzalcóatl repräsentierte viele Dinge für viele verschiedene Menschen. Er wurde zuerst als Gott der Vegetation angesehen oder der Erde und des Wassers. In diesem Sinne war er eng mit Tlaloc, dem Gott des Regens, verbunden. Nach einer Weile begann Quetzalcóatls Kult, ihn als himmlischen Körper zu verehren, was ihn mit dem Morgen- und Abendstern in Verbindung brachte. Auf dem Höhepunkt der Aztekenherrschaft war Quetzalcóatl der Patron der Priester, der Erfinder des Kalenders und der Bücher sowie der Beschützer der Goldschmiede und anderer Handwerker. Und er war ebenfalls eng verbunden mit dem Planeten Venus. Quetzalcóatl wird auch zugeschrieben, dass er das Leben auf die Erde brachte. Er war derjenige, der nach Mictlan reiste, um die Knochen der Toten zu sammeln, und der sein Blut vergoss, um sie zum Leben zu erwecken, und der damit die Funktion des Blutes und des Opfers für die Schöpfung bestärkte.

Huitzilopochtli

Huitzilopochtli oder Uitzilopochtli, wie er auch manchmal geschrieben wird, ist gemeinsam mit Tlaloc eine der beiden Hauptgottheiten in der aztekischen Religion. Wenn man bedenkt, dass Huitzilopochtli der Gott der Sonne und des Krieges war, ist es nicht überraschend, dass er eine herausgehobene Stellung in der aztekischen Religion einnahm. Die Azteken glaubten, dass Krieger als Kolibris auf die Erde zurückkehren würden, und aus diesem Grund wird Huitzilopochtli oft als solcher auf Gemälden und Skulpturen dargestellt.

Ein Grund, aus dem Huitzilopochtli eine solch herausgehobene Rolle in der aztekischen Religion spielte, bestand darin, dass er die Reise der Azteken von Aztlán, ihrem angestammten Gebiet in Nordmexiko, ins Becken von Mexiko geleitet haben soll. Priester, die sich auf die Expedition begaben, trugen Statuen und Götzenbilder in Form eines Kolibris. Es wurde gesagt, dass Huitzilopochtli nachts erscheine und Reisenden Hinweise gebe, wo sie einen geeigneten Platz zum Siedeln finden würden. Es war Huitzilopochtli, der sie über den Feigenkaktus und den Adler informierte, die die Stelle der Siedlung Tenochtitlán markierten. Deswegen bestand eines der ersten Bauprojekte der neuen Stadt im Bau eines Schreins für Huitzilopochtli. Dieser Schrein wurde später in einen Tempel verwandelt und von jedem Herrscher bis 1487 vergrößert, als Kaiser Auítzotl einen neuen großen Tempel baute, der Huitzilopochtli gewidmet war.

Auch wenn Menschenopfer als notwendig angesehen wurden, um alle Götter zu befrieden, nahmen sie in der Verehrung von Huitzilopochtli eine herausgehobene Funktion ein. Da er der Sonnengott war und da Sonnen Blut benötigten, um zu existieren, war es wichtig, dass Huitzilopochtli eine ausreichende Menge Blut jeden Tag erhielt. Wenn das nicht passierte, so glaubten die Azteken, riskierten sie die Vernichtung ihrer gesamten Welt. Da die Azteken glaubten, Kinder der Sonne zu sein, sahen sie es als ihre Pflicht an, das Blut für Huitzilopochtli und die Sonne bereitzustellen, um weiter zu existieren.

Auch in der Organisation der Priesterschaft zeigte sich die Bedeutung Huitzilopochtlis innerhalb der aztekischen Religion. Huitzilopochtlis Hohepriester war gemeinsam mit dem Hohepriester Tlalocs (des Regengottes) das Oberhaupt der gesamten aztekischen Priesterschaft. Ein ganzer Monat des rituellen Jahreskalenders war Huitzilopochtli gewidmet. Bei diesen Zeremonien tanzten Krieger Tag und Nacht vor dem Tempel des Gottes. Kriegsgefangene und einige Sklaven wurden in einer heiligen Quelle gebadet, bevor sie geopfert wurden. Dazu wurde ein riesiges Bild von Huitzilopochtli aus Korn hergestellt, das dann zeremoniell getötet wurde, indem das Korn unter den Priestern und Novizen aufgeteilt wurde. Wenn sie den Körper Huitzilopochtlis verspeisten, wurde erwartet, dass sie ihm für mindestens ein Jahr dienten, obwohl vieles darauf hindeutet, dass Priester diese Verpflichtung freiwillig verlängerten.

Huitzilopochtli war der bei weitem wichtigste Gott der aztekischen Religion. Seine Verbindung zum Krieg und die direkte Verbindung zwischen seiner Befriedung und Menschenopfern trugen dazu bei, die Entwicklung der aztekischen Welt und ihre Verbreitung im Becken von Mexiko zu bestimmen.

Tlaloc

Neben Huitzilopochtli in der göttlichen Hierarchie stand Tlaloc, der aztekische Gott des Regens. Das Wort Tlaloc bedeutet in Nahuatl „er, der Dinge sprießen lässt". Tlaloc wurde gewöhnlich als ein Mann mit einer seltsamen Maske, großen Augen und langen Reißzähnen dargestellt. Ähnliche Darstellungen gibt es von Chac, dem Regengott der Mayas, was auf eine enge Verbindung zwischen den Göttern hindeutet, die in der Maya- und der Aztekenperiode angebetet wurden.

Die Übernahme von Tlaloc - nicht nur als Regengott, sondern als einem der Hauptgötter des aztekischen Pantheons - zeigt die synkretistische Natur der aztekischen Religion. Es gibt Hinweise darauf, dass Landwirtschaft treibende Stämme in Mesoamerika Tlaloc schon seit Jahrhunderten angebetet hatten. Für die Menschen, die auf fruchtbaren Böden lebten, war Krieg keine Priorität, sie fanden es klüger, ihre Spiritualität der Maximierung des Ertrags zu widmen, den Mutter Erde ihnen gab. Als die Azteken aus dem Norden in das Becken von Mexiko einwanderten, brachten sie ihre Kriegsgötter mit, aber sie übernahmen Tlaloc als einen Gleichgestellten.

Ganze sechs Monate des rituellen Kalenders waren Tlaloc gewidmet. Während dieser Monate feierten die Menschen eine Vielfalt an Zeremonien und Ritualen, die Tlaloc ehren und ihm danken sollten, dass er ihnen den lebenswichtigen Regen schenkte. Eine der Zeremonien bestand darin, im See zu baden, zu Nebelrasseln (Geräte, die ein rasselndes Geräusch verursachten) zu tanzen und zu singen, um Regen zu beschwören, und Götzenbilder aus Amaranthpaste herzustellen, „umzubringen" und zu verzehren.

Ein Grund, warum Tlaloc so viel Aufmerksamkeit geschenkt wurde, war, dass er sowohl verehrt als auch gefürchtet wurde. Er war zwar dafür verantwortlich, den Regen zu bringen und das Land fruchtbar zu machen, aber er konnte auch rachsüchtig sein. Trockenperioden, Blitze, Hurrikans und andere Naturkatastrophen waren ebenfalls sein Werk. Er konnte auch je nach Stimmung unterschiedliche Arten von Regen senden und wurde für verschiedene Krankheiten verantwortlich gemacht, wie zum Beispiel Ödeme und Lepra. Da Tlaloc sowohl wohltätig als auch schlecht gelaunt sein konnte, hielten es die Azteken für nötig, sowohl Zeit als auch Energie auf seine Anbetung zu verwenden und zu hoffen, dass ihn das glücklich machen und davon abhalten würde, seinen Zorn über den Azteken zu entladen.

Der Hohepriester Tlalocs und der Hohepriester Huitzilopochtlis waren die Oberhäupter des aztekischen Klerus. Der große Tempel in

Tenochtitlán, der Teocalli, verfügte über gleich große Räumlichkeiten für die Verehrung Huitzilopochtlis und Tlalocs. Die Aufteilung der Verehrung zwischen Huitzilopochtli und Tlaloc hilft uns, besser zu verstehen, wie die Azteken die Welt sahen. Sie verstanden ihre Existenz als etwas Wertvolles, das ständig in Gefahr war. Es lag an ihnen, den Göttern genug zu dienen, damit diese es ihnen erlaubten, weiter auf der Erde zu leben.

Chalchiuhtlicue

Als Frau von Tlaloc war Chalchiuhtlicue eine der wichtigsten Göttinnen des aztekischen Götterhimmels. Ihr Name bedeutet auf Nahuatl „sie, die einen Jaderock trägt". Chalchiuhtlicue war die Göttin der Flüsse, Seen, Ströme und anderer Frischwassergewässer und sie war die Herrscherin der vorangegangenen Sonne. Während ihrer Herrschaft wurde zum ersten Mal Mais angebaut, daher steht sie mit diesem wichtigen Getreide in Verbindung.

Coatlicue

Eine andere wichtige Gottheit war Coatlicue (Nahuatl: „die mit dem Schlangenrock"). Sie war die Göttin der Erde und gleichzeitig Schöpferin und Zerstörerin. Als Mutter sowohl der Götter als auch der Sterblichen, nahm sie eine Stellung über den meisten anderen Gottheiten ein. Sie stand dem Herrn und der Herrin der Zweiheit näher als die meisten.

Der Dualismus von Schöpfung und Zerstörung definierte das aztekische Verständnis und die Darstellung von Coatlicue. Zwei Schlangen mit Giftzähnen bildeten ihr Gesicht und ihr Rock bestand aus verflochtenen Schlangen. Da sie für die Ernährung von Göttern und Menschen zuständig war, hatte sie große, schlaffe Brüste. Sie trug eine Halskette, die aus Händen, Herzen und einem Schädel bestand. Diese Teile wurden benutzt, weil man glaubte, dass Coatlicue sich von Leichen ernährt – die Erde verzehrt alles, was stirbt. Aufgrund ihrer mächtigen und dominanten Position in der aztekischen Religion erschien Coatlicue in vielen verschiedenen Formen und nahm sowohl die Gestalt von Cihuacóatl, der Göttin der Geburt, als auch die von Tlazoltéotl, der Göttin der sexuellen Unreinheit und des falschen Benehmens, an.

Die aztekischen Götter waren zahlreich und mannigfaltig, aber sie spielten eine zentrale Rolle für das tägliche Leben der Azteken. Einen großen Teil ihres Lebens brachten sie damit zu, die Götter zufriedenzustellen, und ein Bestandteil der expansiven Strategie des Aztekenreichs war die Gefangennahme von Feinden, um sie zu opfern. Wir mögen dieses Verhalten in der Rückschau für primitiv halten, aber es stimmte mit ihrer Weltsicht und ihrem Glaubenssystem überein.

Der Kalender

Ein wichtiger Bestandteil der aztekischen Religion waren ihre Kalender. Ja, sie hatten mehr als einen. Die Kalender halfen dabei, die landwirtschaftliche Praxis und die Feste zu organisieren, aber sie hatten auch eine Bedeutung für die jährliche Koordination von Zeremonien und Ritualen. Der Zweck des Kalenders war es zu gewährleisten, dass jeder Gott die ihm zustehende Verehrung erhielt.

Die beiden Kalender sind sehr unterschiedlich. Der *Xiuhpohualli* oder die Jahreszählung war der landwirtschaftliche Kalender. Er basierte auf der Sonne und den Jahreszeiten und half den Azteken, den Verlauf der Zeit nachzuverfolgen, um Entscheidungen über den Zeitpunkt der Saat, der Bewässerung und der Ernte zu treffen. Dieser Kalender war in Mesoamerika in der ein oder anderen Form seit den Maya in Gebrauch.

Dieser aztekische Kalender unterscheidet sich ein wenig von unserem Heutigen, obwohl es auch Ähnlichkeiten gibt. Die Azteken wussten zum Beispiel, dass ein Jahr 365 Tage dauerte, das hatten sie durch die Beobachtung des Laufs der Sonne am Himmel im Verlauf eines Jahres herausgefunden. Allerdings unterscheidet sich der Kalender von unserem dadurch, dass er in 18 Monate aufgeteilt ist, bei dem jeder Monat 20 Tage hat. Wenn Sie nachrechnen, erkennen Sie, dass 18 mal 20 aber nur 360 Tage ergibt. Die restlichen fünf Tage wurden für das Jahresende benutzt und hatten keine Namen. Die Azteken betrachteten diese Tage als Unglückstage. Sie verbrachten das Ende jeden Jahres in den Tempeln und opferten den Göttern, um zu verhindern, dass an diesen Unglückstagen etwas Schlimmes passierte.

Der *Tonalpohualli* oder die Tageszählung war der rituelle Kalender der Azteken. In diesem Kalender gab es nur 260 Tage und jeder Tag hatte eine korrespondierende Nummer und ein Zeichen. Insgesamt gab es zwanzig Zeichen, von denen jedes eine andere Gottheit darstellte. Darunter befinden sich:

- Krokodil
- Wind
- Haus
- Eidechse
- Schlange
- Tod
- Hirsch
- Kaninchen
- Wasser
- Hund
- Affe
- Gras
- Schilf
- Jaguar
- Adler

- Geier
- Erdbeben
- Feuerstein
- Regen
- Blume

Der erste Tag des *Tonalpohualli* ist das *1. Krokodil*. Die Zahlen steigen mit dem entsprechenden Zeichen an, bis sie 13 erreichen. Es ist unklar, warum diese Zahl gewählt wurde. Aber nach 13 wird die Zahl zurückgesetzt. Da es aber zwanzig Zeichen gibt, beginnt der nächste Monat nicht mit dem *1. Krokodil*. Der erste Monat endet mit dem *13. Gras* und beginnt mit dem *1. Schilf*. Der zweite Monat geht dann 13 Tage weiter und endet mit dem *13. Tod*, der dritte Monat beginnt mit dem *1. Hirsch* und endet mit dem *13. Regen*, der vierte Monat beginnt mit der *1. Blume*. Dieser Kreislauf setzt sich fort und gelangt nach 260 Tagen wieder zum *1. Krokodil*, womit ein neues rituelles Jahr beginnt.

Die beiden Kalender wurden nebeneinander benutzt, wobei der rituelle Kalender benutzt wurde, um nachzuverfolgen, welcher Gott zu welcher Zeit des Jahres angebetet werden sollte. Die beiden Kalender stimmen alle 52 Jahre überein. Dieser Moment markiert den Beginn eines neuen aztekischen „Jahrhunderts". Aber der Tag, an dem beide Kalender übereinstimmen, war ein Tag großer Besorgnis. 52 Jahre waren ein Lebenszyklus der Erde und am Ende eines jeden Lebenszyklus war es den Göttern anheimgestellt, alles, was sie geschaffen hatten, zu zerstören. Wieder einmal sehen wir, wie die aztekische Weltsicht von dem Glauben bestimmt wurde, dass diese Welt jederzeit von den Göttern zerstört werden konnte.

Eine weitere Art, auf die die beiden Kalender miteinander verbunden waren, bestand in der Benennung der Jahre. Jedes Jahr im 365-tägigen *Xiuhpohualli* wurde nach dem Tag im *Tonalpohualli* benannt, an dem er endete. So wurde zum Beispiel das erste Jahr im aztekischen Kalender *1 Schilf* genannt, weil der erste 365-tägige

Kalender am *1. Schilf* im rituellen Kalender endete. Da jedes Jahr an einem anderen Tag endet, hat jedes Jahr seinen eigenen Namen. Ein Jahr konnte *12 Krokodil*, *4 Gras*, *5 Tod* usw. heißen. Dies trug dazu bei, die Jahre zu organisieren und genau zu bestimmen, wann Ereignisse stattfanden. Für Außenseiter dürfte die Vermischung der beiden Kalender es sicher zu einer Herausforderung gemacht haben zu verstehen, wie die Azteken die Zeit maßen.

Viel Arbeit ist auf die Entschlüsselung des aztekischen Kalenders verwendet worden und darauf, ihn mit anderen mesoamerikanischen Kalendersystemen in Verbindung zu bringen. Dadurch waren Historiker und Archäologen in der Lage, die Daten einiger wichtiger Ereignisse in der aztekischen Geschichte zu verifizieren, insbesondere die Geburts- und Todesangaben bedeutender Herrscher, die Daten von Eroberungen und militärischen Feldzügen und auch die Daten der Begegnungen mit den Spaniern.

Kapitel 8 – Sport

Auch wenn ein großer Teil des aztekischen Lebens auf die Verehrung der Götter, die Bewirtschaftung des Landes und auf Tributzahlungen an den Adel entfiel, bestand es nicht nur aus Arbeit. Es gab Zeiten zur Erholung und ein aztekisches Ballspiel gehörte zu den beliebtesten Aktivitäten.

Dieses besondere Spiel, das von seinen Regeln und seiner Spielweise dem Volleyball oder Racquetball ähnelte, wurde in ganz Mesoamerika gespielt. Es bekam bei den Azteken eine besondere Bedeutung, weil es zum einen als Schauplatz für Menschenopfer diente und zum anderen mit der militärischen Ausbildung verbunden war.

Das Spiel wurde mit einem Gummiball auf einem Steinplatz gespielt. Die Spieler passten den Ball hin und her, wobei sie außer den Händen jedes Körperteil benutzten. Sie konnten den Ball mit dem Unterarm, den Beinen, Hüften oder dem Kopf spielen. Es gab viele Varianten des Spiels und jedes Dorf, jeder Ort und jede Stadt hatte eigene Spielregeln.

Die Bedeutung des Spiels variierte stark in Mesoamerika. Es wurde oft auch informell gespielt, wobei Gruppen von Dörflern einfach aus Spaß spielten. Mit der Weiterentwicklung der aztekischen

Zivilisation wurden jedoch große Arenen gebaut, in denen das Spiel vor einem großen Publikum gespielt wurde. Diese formalisierten Spiele waren rituell und einige Kulturen verbanden sie sogar mit Menschenopfern. Die Gewinner, Verlierer oder beide wurden nach dem Spiel den Göttern geopfert. Aus diesem Grund wurde das aztekische Ballspiel, das oft als *Ulama* oder *Pok-a-tok* bezeichnet wird, obwohl sein ursprünglicher Name unbekannt ist, oft als blutig, brutal und gewalttätig gebrandmarkt.

In Wahrheit spielten es aber nicht alle zum Zwecke des Menschenopfers. Dennoch weiß man, dass es dabei schwerwiegende Verletzungen und sogar Todesfälle gab. Der große, schwere Ball konnte erheblichen Schaden beim Kontakt mit dem menschlichen Körper anrichten. Als die Spanier in Mexiko ankamen, sahen sie es zunächst mit Bewunderung, aber schon bald bezeichneten sie es als Teufelswerk, als sie Zeugen davon wurden, wie manche Gemeinschaften es als Mittel für Menschenopfer einsetzten.

Patolli war ein anderer populärer Sport unter den Azteken, obwohl es in ganz Mesoamerika schon seit Jahrhunderten gespielt wurde. Es ist ein Brettspiel, zu dem Glück und Geschick gehören. Der Spieltisch ist kreuzförmig und die Spieler müssen ihre Steine über den Tisch ziehen. Es war üblich zu wetten und mancherorts sogar integraler Bestandteil des Spiels. Die Menschen setzten Steine, Edelsteine, Nahrungsmittel und manchmal sogar ihr eigenes Leben. *Patolli* ist eines der ältesten Spiele der Welt und es wird heute noch in vielen Teilen Zentralamerikas gespielt.

Schlussbemerkung

In nur wenigen hundert Jahren gelang es den Azteken, sich von einer Gruppe von unwillkommenen Jägern und Sammlern zu einer der größten und fortschrittlichsten Zivilisationen der Alten Welt zu entwickeln. Mit der Zeit kombinierten sie eine militärische Tradition mit kultureller Hegemonie und wirkungsvollen politischen Institutionen, um ein funktionierendes und expandierendes Reich zu bilden.

Aber die aztekische Zivilisation war weit davon entfernt, perfekt zu sein. Ihr despotischer Staat bedurfte des ständigen Krieges und das ausbeuterische System von Steuern und Abgaben hatte ebenso wie die stark hierarchisierte Gesellschaft den Azteken schon Feinde eingebracht, noch bevor die Spanier 1519 - gierig nach Blut und Gold - ankamen. In nur wenigen Jahren nach Cortés' Landung an der Küste des Golfs von Mexiko sollte das mächtige Aztekenreich fallen und aus den Geschichtsbüchern verschwinden. Aber das geschah nicht, ohne dass die Azteken einen bedeutenden Beitrag zur kulturellen und historischen Entwicklung Mesoamerikas geleistet hatten.

Es gibt heute noch viele Menschen, die ihre Herkunft auf die Azteken zurückführen können, und das große Reich bildet einen Teil der heutigen mexikanischen Identität. Man weiß nicht, was die Azteken noch hätten leisten können, wenn die Spanier nicht gekommen oder sie immun gegen die zahlreichen Krankheiten gewesen wären. Doch trotz eines plötzlichen und frühen Untergangs zählen die Azteken zu einer der größten menschlichen Zivilisationen, die je existiert haben.

Schauen Sie sich ein weiteres Buch aus der Reihe Captivating History an.

Bibliographie

Smith, M. E. (2001), *The Aztec Empire and the Mesoamerican World System,* in: *Empires: Perspectives from Archaeology and History,* hg. v. S. E. Alcock, S. 128-154. Cambridge University Press: New York.

Murphy, J. (2015), *Gods and Goddesses of the Maya, Aztec and Inca.* Britannica Educational Publishing: New York.

Smith, M. E. (2013), *The Aztecs.* John Wiley & Sons.

Soustelle, J. (1968), *Daily Life of the Aztecs.* Courier Corporation.

Villela, K. D. und Miller, M. E. (Hg.) (2010), *The Aztec Calendar Stone.* Getty Research Institute: Los Angeles.

Whittington, E. M., Hg. (2001), *The Sport of Life and Death: The Mesoamerican Ballgame.* Thames and Hudson: New York.

www.ingramcontent.com/pod-product-compliance
Lightning Source LLC
LaVergne TN
LVHW041650060526
838200LV00040B/1783